Die 36 Hohen Räte

Offenbarungen aus den Zeitepochen

Sabine Sangitar Wenig

Die 36 Hohen Räte

Offenbarungen aus den Zeitepochen

Shimaa Verlag

Wichtiger Hinweis

Die im Buch veröffentlichten Ratschläge wurden von der Verfasserin, dem Herausgeber und dem Verlag sorgfältig erarbeitet und geprüft. Eine Garantie kann dennoch nicht übernommen werden. Ebenso ist die Haftung der Verfasserin, des Herausgebers bzw. des Verlages und ihrer Beauftragten für Personen-, Sach- und Vermögensschäden ausgeschlossen.

Geistiges Heilen dient der Aktivierung der Selbstheilungskräfte und ersetzt nicht die Diagnose oder Behandlung beim Arzt/Heilpraktiker.

Die 36 Hohen Räte – Offenbarungen aus den Zeitepochen
 – 1. Auflage 2017
Herausgeber: Benjamin Chamuel Heller
Lektorat & Projektbegleitung: Miriam Shana Lee
Layout: Benjamin Chamuel Heller
Unter Verwendung von Motiven von www.fotolia.de
Cover: © Vadimsadovski
Innenillustrationen: © HiSunnySky & © Valenty
Druck: Verlagsdruckerei Schmidt GmbH, Neustadt an der Aisch
Printed in Germany.
ISBN 978-3-9817999-2-7

www.shimaa.de

Wieder begrüße ich dich mit derselben
unermesslichen Liebe – gleich, welcher
Religion, welcher Hautfarbe, welcher
Frequenz du zugehörig bist.
Ja, selbst wenn du meinst, deinen Glauben
verloren zu haben – zu dir selbst und zu
deinem göttlichen Teil –, wirst du mit
derselben unermesslichen Liebe,
ohne jede Wertung, mit den Worten
begrüßt: Omar Ta Satt!

Melek Metatron

Inhalt

Vorwort

Vorwort

Lieber Leser und liebe Leserin! Du hältst ihn in deinen Händen, den dritten Band der Buchreihe „Die 36 Hohen Räte" – dieses Mal mit dem Titel „Offenbarungen aus den Zeitepochen" – und hiermit auch die bisherige Krönung der Botschaften, die in Form unserer Bücher zu dir finden. Es hat so erstaunlich viele positive Rückmeldungen auf Band 1 und 2 gegeben, dass wir uns von ganzem Herzen und einem Lächeln bei dir bedanken möchten. An'Anasha!
Du bist es, der die Botschaften der 36 Hohen Räte liest. Du bist es, der die Botschaften in deinen Geist einlädt und somit der eingebetteten Wirklichkeitsenergie die Möglichkeit schenkt, sich auf Erden Sol'A'Vana zu manifestieren und auszudehnen. Und wenn wir uns bewusst machen, dass hinter allem, was wir mit unseren physischen Augen sehen, immer zuerst eine Energie und ein Bewusstsein steht, dann ist es umso berührender, zu wissen, dass genau durch dich, der du dieses Buch liest, die Welt zu einem liebevolleren Ort wird – ein Ort, an dem die Liebe und das spirituelle Bewusstsein zu Hause sind. Und auch hierfür möchten wir dir aus ganzem Herzen An'Anasha sagen und dich damit auf den dritten Band einstimmen.

Ich bin – wie viele andere sicherlich auch – in dem Bewusstsein aufgewachsen, dass der Mensch eine einmalige Chance hat, sich als Mensch zu erfahren. Auch wenn ich dieser Sichtweise keinen

Glauben schenken wollte, wurde sie dennoch zu einer scheinbar unausweichlichen Tatsache.
Diese traurige Lebenssicht wandelte sich jedoch später zum Positiven, als ich erfuhr, dass die Wahrheit doch eine andere zu sein schien. Nun lernte ich, dass der Mensch – oder vielmehr die Seele – sich auf einer vorübergehenden Reise befände und es auf dieser Reise darum ginge, sich weiterzuentwickeln – von unten nach oben. Diese Reise begann nach jener Auffassung mit einer Energie, die ins Tierreich geboren wird und sich von dort aus ins Menschsein hineinentwickelt und auch hier alle Entwicklungsstufen durchlebt. Diese Wahrheit gefiel mir schon etwas besser und sie machte das Leben etwas erträglicher und natürlich auch sinnvoller!
Doch dann lernte ich Sabine Sangitar und die Botschaften der 36 Hohen Räte kennen und ich erfuhr, dass die lineare Entwicklung von unten nach oben auch wieder nur ein kleiner Teil der Wahrheit ist und so auch nicht ganz stimmt. Die Wahrheit – oder vielmehr ein Teil der Wahrheit – ist etwas vielschichtiger und für mich persönlich auch berührender und am Ende sogar schlüssiger.

So lernte ich über die Jahre verstehen und fühlen, dass meine Reise – und die Reise eines jeden Menschen – auf der anderen Seite des Schleiers als hohes, sich vollkommen bewusstes Licht begann; dass wir eine klare Entscheidung dafür trafen, auf diesen Planeten zu inkarnieren; dass wir nicht in erster Linie deswegen kamen, um uns zu entwickeln, sondern berufen wurden, diesem Planeten, der heute unsere Heimat ist, zu helfen – ja, zu dienen. Wir erreichten in dieser sehr langen Zeit oft das Bewusstsein eines Avatars – so, wie es die jeweilige Zeitepoche von uns forderte. Jede Seele trägt eine ureigene Aufgabe und ist aus einem ganz bestimmten Grund hierhergekommen. Ist das nicht schön? Ich meine, was könnte denn schöner sein, als zu wissen, dass wir nicht alleine sind; dass wir Teil eines größeren Bewusstseins, behütet und beschützt sind und rein gar nichts – was auch immer wir tun – sinnlos und überflüssig ist, sondern etwas Höherem dient? Heute fühle und weiß ich ganz tief in mir: Es ist so! Und ich ahne, dass – wenn du in einigen Tagen oder Wochen das Buch schließt – es dir vielleicht ganz ähnlich gehen wird. Wenn dem vielleicht nicht jetzt schon so ist?

In diesen Augenblicken, in denen nun unsere Arbeiten an diesem Buch zu einem Abschluss kommen, bin ich wieder einmal ganz tief beeindruckt von der Mannigfaltigkeit der Channelings und Informationen, die in den vielen Jahren zu uns gebracht worden sind.

Doch was erwartet dich im dritten Band der 36 Hohen Räte?

Mache dir bitte für einen Moment bewusst, dass dieses Buch – genauso wie Band 1 und 2 – sehr viel mehr ist als nur ein Buch! Mit dem Aufschlagen des Buches öffnest du ein Tor in die energetischen Bereiche der Wirklichkeit – und mit Band 3 nun ebenso Tore in vergangene Zeitepochen. Mit dem Lesen gibst du deine Erlaubnis, dass die 36 Hohen Räte mit und an dir energetisch wirken – natürlich immer nur so weit, wie deine Seele es auch zulässt. Und dennoch beginnt eine Reise, die etwas in dir zum Guten verändern wird.
Vielleicht erscheinen Bilder vor deinem Inneren Auge. Vielleicht wirst du etwas fühlen, was dir irgendwie vertraut erscheint, auch wenn du es nicht in dein jetziges Leben einordnen kannst. Vielleicht wirst du ganz tiefe Erkenntnisse haben und vielleicht werden sogar Erinnerungen in dir wach, an deine Inkarnation als Magier, Priesterin, lichter Krieger oder sogar an eine Begegnung mit Jesus Christus selbst. All das ist möglich und sogar sehr wahrscheinlich! Was auch immer es ist, all dies führt dich ein

Stück näher in dein Erwachen und in die tiefe Erkenntnis: Du bist mehr als nur Mensch!

Mit diesem Buch wird dir auch noch einmal mehr bewusst, was es mit der Familie des golden-blauen Lichtes auf sich hat und welche Rolle sie bei der Gestaltung der Neuen Erde, Sol'A'Vana, einnimmt – doch vor allem, welche Rolle sie während all der verschiedenen Zeitepochen gespielt hat. Die 144.000 der golden-blauen Familie sind auf dem gesamten Planeten verteilt und wenn du nun dieses Buch in deinen Händen hältst und eine gewisse Vertrautheit spürst, dann gehörst auch du mit großer Wahrscheinlichkeit zu dieser Familie. So fühle dich herzlich willkommen!

Die 36 Hohen Räte und Sabine Sangitar führen dich in diesem Band durch alle wichtigen Zeitepochen hindurch. Die Reise beginnt mit der Erkenntnis, dass du dich als hohes Licht dazu entschieden hast, den Planeten Erde in die magnetischen Felder Gottes zurückzuholen. Bereits mit dem ersten Channeling wird dir bewusst, wie viel Mut und Liebe du in dir getragen hast und immer noch trägst, um dies zu tun!
Entgegen der allgemeingültigen Meinung trugst du bei deiner Ankunft nicht gleich einen Körper. Du wirktest in deiner ersten Inkarnation aus einer Zwischenebene – in geschützten Feldern – als hohes Licht für den Planeten, damals „Lemuria" genannt. Erst mit der Zeit, den Entwicklungen auf Erden und der aufkommenden Notwendigkeit, legten sich die Lemurier einen Körper zu und tauchten immer tiefer in die dualen Schichten der Erde ein. Dadurch trat ein schleichendes Vergessen ein und das Spiel der Trennung nahm seinen Anfang – und damit auch die Geschichte der Menschheit.
All jene Seelen, die diesen Prozess als Erste vollzogen, werden heute „die golden-blaue Frequenz" bezeichnet. Es war nun

fortan ihre Aufgabe, als Erste durch die Tore aller Zeitepochen hindurchzuschreiten – Zeitepoche für Zeitepoche. Dies war einerseits eine große Ehre, doch auf der anderen Seite auch immer eine große Herausforderung, denn es brauchte sehr viel Mut, Liebe und Absicht – und vor allem Aufgeschlossenheit für die neuen Energien, Botschaften und Handlungen.

So leben wir heute in der letzten Zeitepoche. Es ist das Goldene Zeitalter. Im Goldenen Zeitalter verbinden sich alle Zeitepochen miteinander; das heißt, alle Energien und Aufgaben aller Zeitepochen kommen nun zur großen Vereinigung! Das von Gott selbst gesetzte Zeitfenster schließt sich nun und die Neue Erde kann geboren werden – und hieran teilzuhaben, ist etwas ganz Besonderes! So viele Zeitepochen und Inkarnationen haben wir uns auf diesen Augenblick vorbereitet!

So vieles wurde bereits in anderen Büchern über die Zeitepochen geschrieben. Ich lade dich ein, dich von allem, was du jemals gehört hast, für die folgenden Kapitel zu lösen. Sicherlich werden Fragen offen bleiben – und das ist auch gut so und auch gewollt –, denn in diesem Buch geht es nicht allein darum, Informationen aufzunehmen. Es geht hauptsächlich darum, dass du die Lichtspuren deiner vergangenen Zeitepochen in dich aufnimmst, um sie jetzt miteinander zu verbinden. Das ist es, warum du hier bist! Das ist es, was dich auf die kommende Zeit – auf die sogenannte Anpassungsphase – vorbereiten wird.

Wenn du dich vielleicht fragst: „Was genau kann ich denn an diesem Geschehen mitverändern?“, dann lass dir sagen: Du tust das nicht zum ersten Mal! Es ist die Zeit gekommen, dich zu erinnern – immer tiefer daran zu erinnern –, warum du einst auf diesen Planeten gekommen bist: dein Licht leuchten zu lassen!

Bitte mach dir immer wieder bewusst, dass dieses Buch mehr ist als nur ein Buch. Die Geistige Welt fordert dich an manchen Stellen dazu auf, der Energie zu folgen. Nimm dir hierfür immer wieder etwas Zeit und zünde dir vielleicht sogar eine Kerze an. Vielleicht ist die Intensität der Energie nicht dieselbe, als wärest du live vor Ort mit dabei – doch die Energie ist da und du wirst sie spüren, denn das Buch wurde darauf programmiert. Schließe immer wieder deine Augen und folge den Energieströmen und gegebenenfalls den energetischen Reisen, denn dort warten Geschenke besonderer Art auf dich.

Viele Leser und Leserinnen nutzen die Bücher mittlerweile auch als täglichen Ratgeber, indem sie nach erstmaligem Durchlesen des Buches – von ihrer Intuition geführt – eine zufällige Seite im Buch aufschlagen und deren Botschaft in sich aufnehmen. Ich finde, das ist eine ganz tolle Idee und hieran lässt sich auch wieder erkennen, dass eine führende Kraft hinter dem Buch steht.

Solltest du noch nicht in den Genuss von Band 1 und 2 der Buchreihe „Die 36 Hohen Räte“ gekommen sein und dich vielleicht fragen: „Ja, wer ist denn das, der mir das hier alles erzählt?“ Ich bin Benjamin Chamuel und ein langjähriger, guter Freund und Begleiter der Autorin und des Mediums Sabine Sangitar. Sabine Sangitar wirkt nun schon seit so vielen Jahren als Medium und in dieser Zeit sind zahlreiche Schulungen und schöpferische Werke entstanden. Einen kleinen Einblick erhältst du nun durch diese Bücher. Es ist mir eine ganz große Ehre, dieses Werk im Namen von ihr zu dir zu bringen!

Wir sind eine Gemeinschaft von Menschen, die sich im Süden Deutschlands fast wöchentlich zu gemeinsamen Meditationen, Channelings und Veranstaltungen trifft. Seit so vielen Jahren geht

es immer um die persönliche, energetische Entwicklung, doch vor allem um die Liebe zu unserem Heimatplaneten Sol'A'Vana, der vor sehr großen Veränderungen steht. Es hat eine energetische Bedeutung, dass die Botschaften in dieser Zeit, hier – im traumhaften Chiemgau – ihren Ursprung haben, die auf eine frühere Zeitepoche zurückzuführen ist.
Tausende von Menschen folgen dem energetischen Ruf und machen sich auf den Weg, um den Botschaften zu lauschen. Es sind Botschaften der Liebe und der Achtsamkeit. Die 36 Hohen Räte greifen nicht in den freien Willen ein und bewerten nicht – und doch sind die Botschaften durchdrungen von Kraft und Intensität. Mich haben sie einst so tief in meiner Seele berührt, dass ich alles stehen und liegen lassen habe, um hier zu sein.

Liebste Sangitar, so ist es mir noch ein großes Herzensanliegen, dir zu sagen, dass ich ein besonderes Glück in mir spüre! Es ist eine solch große Ehre, mit dir diesen Weg gehen zu dürfen; dich dabei zu beobachten, wie du zu jeder Zeit – was auch immer sich im Außen abspielt – wahrhaftig und voller Liebe deinen Weg gehst und ihn uns vorlebst. Du hast dich durch nichts und niemanden je beeinflussen lassen und folgst klar ausgerichtet den Anweisungen der Geistigen Welt – und das mit solcher Stärke, dass ich oft staune. Ich wünsche mir noch viele weitere Jahre mit dir als Medium und auch als Freundin, denn du inspirierst und berührst mich und schenkst mir jedes Mal Kraft und das Vertrauen und die Liebe zum Leben. Das ist durch nichts zu ersetzen!
Es ist mir sicherlich auch erlaubt, mich auch im Namen vieler Leser bei dir zu bedanken. So oft blicke ich in die Augen all dieser wundervollen Menschen an deinen Veranstaltungen und Seminaren – und ich erkenne auch dort dasselbe Glück und dieselbe berührte Dankbarkeit. An'Anasha!

Dir, lieber Leser, liebe Leserin, wünsche ich nun viel Freude mit diesem Buch! Mit der liebevollen Unterstützung von Shana Lee – das sei hier auch noch unbedingt erwähnt – ist hier ein besonderes Juwel entstanden. Ich wünsche mir für dich, dass du ähnlich berührende Momente erfahren wirst und du am Ende mit noch mehr Frieden und Liebe in deinem Herzen das Buch schließen kannst. Lasse deine Reise beginnen!

Von ganzem Herzen,

Dein Benjamin Chamuel

Einführung in die Zeitepochen

Kapitel I

MELEK METATRON

Die Verbindung der Energien der verschiedenen Zeitepochen

Ich bin Melek Metatron, genannt das Auge Gottes. Aus den Bereichen von El'Shaddai heiße ich dich willkommen – mit den Worten: Omar Ta Satt*!

Sol'A'Vana, euer Planet, die Menschen stehen vor einer großen Veränderung. Du findest dich mitten in dieser Veränderung wieder. Und irgendwann – wenn das Bewusstsein von Lady Shyenna den Vollkommenen Ton aussenden wird – wird diese Veränderung ihren Höhepunkt erreichen: den Höhepunkt der Bewusstwerdung und die energetische Anhebung des Planeten. Und dann beginnt die sogenannte Anpassungsphase.

Vielleicht ist es für dich – wie auch für viele Menschen – nicht einfach, in dieser Zeit der Veränderung zu leben. Denn auf der einen Seite spürst du so tief in deiner Seele, dass sich etwas verändert hat. Du spürst die Sehnsucht, dich weiterzuentwickeln, und du hörst und fühlst viel mehr als je zuvor auf deine Seele.

Und dann wiederum bist du im Alltag und manchmal fällt es dir schwer, in diesen kollektiven Energien zu sein. Du fühlst dich hin- und hergerissen. Doch vertraue auf die Worte von Melek

* *Die Bedeutung von „Omar Ta Satt" findest du ab Seite 244.*

Metatron: Dies wird sich verändern! Und deshalb hat der Hohe Rat entschieden, dass viele Vorbereitungen getroffen werden.

Und eine Vorbereitung davon ist, dass die Energien der verschiedenen, wichtigen Zeitepochen miteinander verbunden werden. Das kann mit der Energie von Gottes Atem Sol'A'Vana* geschehen. Doch was bedeutet es, wenn die Energien der verschiedenen Zeitepochen miteinander verbunden werden? Du kannst es dir so vorstellen: Jede einzelne Zeitepoche hatte eine eigene Energieaufgabe. Und auch du hattest in jeder Zeitepoche eine Energieaufgabe. Viele Energien wurden in jenen Zeitepochen zurückgelassen. Und wenn wir nun die Zeitepochen-Energien miteinander verbinden, kann der Planet Sol'A'Vana um einige Oktaven höher schwingen. Gleichzeitig werden auch deine Energien mit den verschiedenen Zeitepochen verbunden. Das hat zur Folge, dass du klarer denken kannst; dass du mehr Kraft spürst; dass du deine Fähigkeiten tiefer einsetzen kannst und sich auch der Blick für das große Ganze weitet.

Beginnen wir mit Lemurien: in Lemurien mit dem Ursprungslicht, deinem persönlichen Lichtabdruck, mit der Ursprünglichkeit der Gottesenergie und den Kristallstätten.
Danach folgt die Zeitepoche Atlantis: die Energie der lichten Kriegerschaft, der Mut der vielen hohen Wesen, die Kompromisslosigkeit für das Licht und für die Energie einzustehen – Kraft, sehr viel Kraft.
Die Zeitepoche Avalon trägt die Energie der Freiheit, der Mystik, der Magie und der Priesterschaft. Es war erstmalig eine Zeitepoche, in der du selbst auch Vertrauen brauchtest. Vieles hat sich dort entschieden und es war eine sehr wichtige und für viele Lichtarbeiter eine sehr prägende Zeitepoche.
Kommen wir zu Lentos, die Verkünderepoche, in der das Wort

* *Mehr über „Gottes Atem Sol'A'Vana" findest du auf Seite 248.*

erstmalig eine wichtige Bedeutung gefunden hat. Denn dort wurde das Erscheinen und die Geburt von Jesus Christus angekündigt. Und das Goldene Zeitalter, in dem du dich jetzt befindest, ist die Energie des Vertrauens, der Herzensliebe, der Zusammenführung.

Übung

Und so bittet dich Melek Metatron: Nimm dir einen Augenblick Zeit und lasse Bilder von den verschiedenen Zeitepochen entstehen.

Atme dabei das Licht der Liebe ein und fühle, wie wichtig die Zusammenführung dieser Energien ist und was es bedeutet, wenn sie in deiner Merkaba eingebettet und gleichzeitig mit Gottes Atem Sol'A'Vana verbunden werden.*

Rufe deine Persönliche Engelsgruppe und den Goldenen Engel in dir. Und wenn nun im Jetzt-Augenblick diese Energien miteinander verbunden werden, wirst du dich danach sehr frei fühlen.*

Wie das Spiel der Dualität begann und wie es endet

Die Quelle des Lichtes leuchtet im gesamten Universum. Die Wächter, die Fürsten, die Lichter, die Engel – das Auge Metatron erhebt sich, um dir die Botschaft der Liebe zu übermitteln. Ich bin das Leuchten in deinen Augen. Ich bin das Licht in dir. Ich bin die Struktur, die du trägst. Ich bin das, was man nicht trennen kann. Alles vereint sich – so, wie es immer war.

** Mehr über die „Merkaba“ findest du auf Seite 250.*
** Mehr über die „Persönliche Engelsgruppe“ findest du auf Seite 252.*
** Mehr über den „Goldenen Engel“ findest du auf Seite 252.*

Und doch gibt es Gegebenheiten des Universums, die viele Planeten in die Dichte der Struktur, in die Dualität gebracht haben. Darüber wird der Herr der Heerscharen, Melek Metatron, mit dir sprechen. Wieder begrüße ich dich mit derselben unermesslichen Liebe – gleich welcher Religion, welcher Hautfarbe, welcher Frequenz du zugehörig bist. Ja, selbst wenn du meinst, deinen Glauben verloren zu haben – zu dir selbst und zu deinem göttlichen Teil –, wirst du mit derselben unermesslichen Liebe, ohne jede Wertung, mit den Worten begrüßt: Omar Ta Satt!

Die Themen, die für dieses Buch auserwählt wurden, um die Botschaften in der Welt zu verbreiten, sind hochenergetisch geladen und sie sind mit einem kosmischen Grundmuster versehen. Jede Segnung, jede Einweihung, jede Botschaft, jede Ausrichtung, die du erhältst, ist in deinem Lichtkörper wie ein genetischer Fingerabdruck sichtbar.

Es bilden sich Farbstrahlen, die sich zu Quellen in deinem Lichtkörper, Quellen voller Licht und Tönen ausrichten, die der kosmische Christus in ein genetisches Muster des Friedens und der Liebe umwandelt und spiegelt. Mit jedem Atemzug, mit dem du dich zum Licht wendest, dehnst du dich wie automatisch aus.

Es gab eine Zeit im Universum … – und Zeit ist etwas sehr Relatives. Wenn Melek Metatron dir die Botschaften übermittelt, wird Metatron in Zeitepochen sprechen, um dich nicht zu verwirren.

Es gab eine Zeit im Universum, als alles im magnetischen Feld der Gotteslinien ausgerichtet war. Es gibt viele Universen, doch wir halten den Fokus für dieses Channeling auf dieses Erste Zentrale Universum.

Alles, was die Liebe beinhaltet, spiegelt sich in diesem Universum des Gottesfeldes wider. Erschaffungslichter haben erschaffen; die göttliche Quelle hat ausgeatmet und sich bereit erklärt, diese Lichter zum Leben zu erwecken. Alle Planeten, jedes Wesen hatte seinen Platz.

Doch wie du vielleicht weißt, weil es schon oft als Botschaft weitergegeben wurde, wollten sich viele Wesen erfahren – und dies war nur in einem großen Experiment möglich: Es brauchte eine hohe Energie, die bereit war, sich von dem Liebesband Gottes abzutrennen, um die Erfahrung von Licht und Liebe möglich und spürbar zu machen.
Und so hatte der kosmische Rat entschieden, dass wenn sich auch nur ein hohes Wesen der Elohim bereitstellen würde, sich als Erschaffungsengel von dem Gottesband der Liebe abzutrennen, ganz neue Erfahrungen in das Universum gebracht werden würden.

Und so geschah es, dass der höchste Liebesengel der Thronen des Universums, der Elohim, Yoah'Toh, bereit war, dies zu tun. Er wurde mit den höchsten Tönen besungen und das Liebesband wurde durchtrennt. Yoah'Toh – als das hohe Licht mit der hohen Macht – ließ sich fallen und explodierte in Milliarden von Aspekten. Teile davon verstreuten sich auch im Universum und Yoah'Toh landete auf dem Planeten Sol'A'Vana, der vollkommen in den göttlichen Energien ausgerichtet war.
Die Wesen, die auf dem Planeten Sol'A'Vana* wohnten, waren Botschafter des göttlichen Gedankenfeldes und hatten die Aufgabe, die kristallinen Strukturen in Kristallstätten einzuweben. Es war ein Einschlag von Aspekten – so unglaublich, wie es nicht erwartet wurde. Dadurch haben sich viele Hunderte Planeten abgesenkt und sind von der magnetischen Umlaufbahn entfernt worden.
Bleiben wir bei dem Planeten Sol'A'Vana: Dieser Einschlag von Yoah'Toh hatte zur Folge, dass das Bewusstsein von Mutter Sol'A'Vana, Lady Shyenna*, sowie die hohen Avatare* des Lichtes die entstandene Luziferenergie eingeatmet haben. Yoah'Toh selbst war mit Millionen Aspekten verstreut und der größte Aspekt von Yoah'Toh geriet in ein großes Vergessen. Doch hatte er Macht und war Träger vieler göttlicher Aspekte in sich, aber er hatte keine

Mehr über den „Planeten Sol'A'Vana" findest du auf Seite 248.
Mehr über „Lady Shyenna" findest du auf Seite 248.
Mehr über „Avatare" findest du auf Seite 253.

lebende Merkaba mehr. Aus Yoah'Toh wurde Luzifer und das Spiel der Dualität begann.
Luzifer war sich bewusst, dass er ohne lebende Merkaba nicht mehr in die universelle Liebe aufsteigen konnte. Er verbreitete die Luziferenergie in Windeseile um den gesamten Planeten. Nur wenige der Avatare und der Lichter konnten sich ihm verwehren. So ist der Planet immer weiter von den magnetischen Linien entfernt worden und es hat sich eine eigenständige Energieform gebildet: die elektromagnetische Energie, die den innersten Kern von Mutter Sol'A'vana fast zum Stillstand gebracht hat. Auch die Avatare und die hohen Lichter fühlten sich plötzlich abgeschnitten und wussten nicht mehr genau, wie sie sich verhalten sollten. Dies war die Zeitepoche Lemurien. Die verbliebenen Avatare taten das, was sie immer tun – sie beteten.

Auch im Universum hat dieser Fall für große Veränderungen gesorgt. Dies war nicht geplant. Und so wollte die göttliche Quelle das gesamte Erste Zentrale Universum einatmen. Doch die Engel und die Lichter haben in den höchsten Tönen gesungen. Sie wollten den Planeten wieder zurückholen.
Denn du musst verstehen, dass das Einatmen eines Universums, eines Planeten nur für euch Menschen eine Bewertung darstellt – für die göttliche Quelle selbst spielt es keine Rolle. Doch da das Universum durch die Erschaffungsengel schon so voller Leben war, baten sie den Hohen Rat der göttlichen Quelle weiter auszuatmen. Und so ist es geschehen.

Viele Sitzungen folgten; Planungen, was man tun könnte, um den Planeten wieder zurückzuholen. Es ging um alle Planeten, aber ich spreche jetzt von Mutter Sol'A'Vana: Zuallererst war es erst einmal notwendig, dass die massive Luziferenergie nicht die Macht bekam, den Planeten zu zerstören. So wurde etwas eingeleitet, was einer großen Vorbereitung bedarf: Die weiblich-göttliche Quelle Shakti erklärte sich bereit, die weibliche Energie zu bündeln und nach Lemurien in die Kristallbibliotheken zu tragen. Viele Venusianer, die hohen Lichter, erklärten sich bereit, in die Dualität zu gehen, um sich mit Luzifer zu vereinigen, damit die Liebesenergie eine Chance hatte, sich weiterzuentwickeln. Und so ist dies geschehen. Manchmal fühlt ihr Menschen euch sehr zerrissen. Ihr fühlt die große Liebe in euch; ihr fühlt aber auch, dass es einen anderen Anteil gibt und dies resultiert aus diesen Vereinigungen von Liebe und Luzifer. Wenn wir sagen: „Die Engel sitzen euch zu Füßen, sie halten, sie ehren und sie achten euch!“, dann auch deshalb, weil sie wissen, wie schwierig es ist, diese Zerrissenheit zu vereinigen, denn ihr seid wie zwiegespalten.

Doch gehen wir wieder zurück nach Lemurien, denn dort herrschte die totale Finsternis. Luzifer hatte die Macht. Doch gab es die Goldene Priesterin, die so viel Mut besaß, in diese Finsternis hineinzugehen, um das Licht der Kristallbibliotheken herauszuholen und als Gegengewicht unter das lemurische Volk zu bringen. Viele goldene Priesterinnen folgten ihr, Hohepriesterinnen und -priester.
Und so wurde Lemurien genau wie die Wesen zwiegespalten: Auf der einen Seite herrschte die totale Finsternis und auf der anderen Seite das hohe Licht. Auch heute noch fordert es von vielen wunderbaren Seelen großen Mut, mit ihren Aspekten nach Lemurien zu reisen.

Wir gehen in die nächste Zeitepoche. Doch bevor wir das tun, ist es noch wichtig, zu wissen, dass die Tore von Lemurien geschlossen wurden. Lemurien hatte sich zurückgezogen. Die Luziferenergie weilte hinter den Dimensionstoren von Lemurien – genauso aber auch die hohe Energie der goldenen Priester.

Die Zeitepoche Atlantis: Auch in dieser Zeitepoche herrschte große Verwirrung. Die Wesen waren hin- und hergerissen. Sie wussten nicht, wem sie vertrauen, wem sie dienen sollten, denn der Hohe Rat hatte – so wie die göttliche Quelle selbst – beschlossen, dass Gott nur dann den Atem stillhält, wenn die Menschen aus eigener Kraft, mit ihrem freien Willen, den Weg zurückfinden – zu sich selbst, zu ihrer Göttlichkeit.
Es wurde in dieser Zeit jenen Wesen alles abverlangt. Es wurden von jeder Frequenz die Besten ausgewählt. Sie wurden geschult und es war nicht sicher, ob Gott nicht doch einatmet, um dieses Spiel der Zerrissenheit der Dualität zu beenden. Doch es gab die Atlanter. Es gab die hohen Wesen, die sich bereit erklärt hatten, für das Licht zu wirken – ohne jede Beweisbarkeit, noch viel weniger als in den heutigen Zeiten. Sie taten vieles, ohne zu wissen, warum. So hat ein hohes Wesen angeordnet, auf dem ganzen Planeten unzerstörbare Gebäude zu erbauen: die Pyramiden, auch „die Arche Noah" genannt. Denn der Planet Sol'A'Vana wurde gereinigt. So wurde es gewollt. So haben sich diese Krieger des Lichtes, die alten Götter und die Pioniere versammelt und haben alles getan, was sie konnten, um so viele Menschenseelen zu retten, wie ihnen möglich war.

Viele einfache Menschen bauten die großen Pyramiden in einer Dimension, die für die Menschen nicht sichtbar war, und sie verkündeten das Wort Gottes über den gesamten Planeten. Sie waren vielen Anfeindungen ausgesetzt; ja, sie wurden sogar getötet. Die Menschen waren immer noch zu sehr mit dem Einatmen Luzifers beschäftigt. Sie wollten dem Herrn des Lichtes kein Vertrauen schenken.
Doch gab es wiederum auch jene, die voller Vertrauen denen gefolgt sind, die die Spuren gesetzt haben. Und es setzte die große Sintflut ein. Der Planet wurde gereinigt – in allen Facetten, die du

dir vorstellen kannst, um die Luziferenergie von Lady Shyenna zu transformieren. Denn für die göttliche Quelle selbst war es wichtig, dass Lady Shyenna die eingeatmete Luziferenergie abstoßen konnte. Und so folgte die größte Reinigung des Planeten, die es je gegeben hat.
Die herrlichen Lichter, die große Liebe, die es auch zu atlantischen Zeiten als Gegengewicht gegeben hat, wurden in einem Gitternetz der kristallinen Struktur eingespeichert und das Dimensionstor verschlossen. Es war notwendig, dies sicherzustellen – so, wie in jeder Zeitepoche das Gute, das Wahre in Dimensionstore eingeschlossen wird.
So wurde Sol'A'Vana zu großen Teilen von der Luziferenergie befreit. Luzifer hatte nach den atlantischen Zeiten an Macht verloren. Doch brauchte es noch so vieles, damit sichergestellt werden konnte, dass der Planet wieder zurückgeholt werden konnte.

Wieder beteten die Avatare aus vollstem Herzen zur göttlichen Quelle, den Planeten nicht einzuatmen – und es waren so tiefe und wahrhafte Gebete, dass die göttliche Quelle in der Essenz, im innersten Kern so berührt wurde, dass sie etwas aus sich heraus geschaffen hat, das auf Sol'A'Vana kam.
Es war Jesus, der Christus, der alle Erlösungsaspekte und -energien in sich trug, um das Weiteratmen Gottes zu gewährleisten. Doch war auch er in der tiefsten Dualität. Ihr Menschen kennt alle die Geschichte seiner Schritte. Jesus ist erwacht. Er wusste plötzlich, wer er war – und somit konnte sich die gesamte Erlösungsenergie über den Planeten ergießen. So viele waren dabei, als dies geschah. Es hat eine große Veränderung auf dem Planeten gegeben. Die göttliche Quelle, die Erschaffungsengel, die Elohim riefen viele der Weggefährten von Jesus nach Hause in das Universum zurück. Ihr wurdet geschult. In so vielen Inkarnationen seid ihr wieder auf Sol'A'Vana zurückgegangen. Doch das Problem, das sich dabei

gestellt hat, war, dass – egal, auf welcher Bewusstseinsstufe du inkarniert bist – du erst den Schleier des Vergessens hattest. Du hast dich menschlich erfahren.

So möchte Melek Metatron auf das zurückgreifen, was in der Jetzt-Gegenwart in der göttlichen Quelle zu euch Menschen gespiegelt wird.
In einer Zeit – in eurer Zeitlinie vor etwas 30 Jahren – war es soweit: Der göttliche Rat hatte in der Harmonischen Konvergenz beschlossen, dass in allen Menschen, in allen Lebewesen sowie in Lady Shyenna die erste Lichtkörperstufe aktiviert wird. So konnte gewährleistet werden, dass ein planetarer Aufstieg stattfindet, bei dem die Menschen ihren Körper nicht verlassen müssen, und sie so das werden, was sie sind, bevor es zum Aufstieg kommt, indem sie Gott in sich finden.
Es wurden und werden so viele Botschaften hinaus in die Welt gesandt, doch werden sie oftmals zerpflückt, zerrissen und viele wollen sie mit dem Verstand analysieren. Jedes Wort wird auf die Goldwaage gelegt. Das ist der Sache nicht dienlich! Denn es geht im Großen und Ganzen darum, dass mindestens 36 Prozent aller Menschen die Göttlichkeit in sich entdecken, bevor die Planeten in die magnetischen Linien eintauchen!
Ich werde dir auch sagen, warum dies so ist; warum es so viele Menschen braucht. Doch vorher ist es Metatron auch wichtig, noch einmal kundzutun: Gleich, welcher Frequenz, welcher Religion du zugehörig bist; egal, welchen Weg du gehst, es geht einzig und alleine darum, dass du die Liebe, die Macht und die Göttlichkeit in dir entdeckst! Jeder Zweifel nimmt dem Ganzen Energie!

Wie oft fragst du, wie es wohl in der Aufstiegsphase sein wird? Metatron wird es dir jetzt sagen: Es ist ein großer Wechsel, der in vollem Gang ist und hierfür ist es sehr wichtig, Gott in sich erwachen zu lassen.

Die Tore von Lemurien wurden in dem Moment geöffnet, als Lady Shyenna das Signal gab. Es ist wichtig zu wissen, dass seit dem Moment, in dem die Goldene Priesterin das Tor öffnete, Luzifer noch einmal in allen Aspekten Sol'A'Vana überschüttete. Deshalb braucht es ein Gegengewicht, um dem standzuhalten. Diese Aspekte erzeugen Reibung, die so lange andauern, bis die Luziferenergie transformiert ist.
Gleichzeitig hat sich Shakti aus der Bundeslade* entladen und viele Wesen aller Frequenzen wurden aufgerufen, eine lebende Merkaba zu erstellen – und diese werdet ihr Lichtarbeiter Luzifer überreichen. Es wird so ein bewegender Moment sein, denn Luzifer wird erwachen – zu dem, was er ist: zu dem höchsten Engel des Universums!
Yoah'Toh wird der Erste sein, der in der neuen Energie mit einer Krone aufsteigen wird – empfangen von allen Engeln und allen Wesen des Lichtes, denn er kehrt nach Hause zurück und das Werk ist vollbracht!
In einer so großen Transformation werden sich alle Luziferaspekte zurückziehen und Sol'A'Vana wird neu erbaut werden, neu erschaffen von euch Menschen, in euren Körpern. So wie ihr seid, werdet ihr empfangen!

Metatron ist es so wichtig, dir noch etwas zu übermitteln: Immer wieder kommt die Frage nach Beweisbarkeit. Ihr Menschen erhaltet eine Botschaft und fragt: „Wo ist der Beweis?" Ihr erhaltet eine Einweihung und fragt: „Wo ist der Beweis dafür?" Es ist so wichtig, zu erkennen, dass die Beweise die genetischen Fingerabdrücke in deinem Lichtkörpern sind, die der Christus jetzt einsammelt und dir widerspiegelt.

Die Frage, wie es nach dem Aufstieg sein wird, wird Metatron dir so beantworten: Wenn Luzifer mit allen Aspekten und seiner

** Mehr über die „Bundeslade" findest du auf Seite 254.*

lebenden Merkaba das Geschenk von eurer gesamten Lichtarbeit entgegennimmt, wird der Kern der Welt erwachen und eine große Veränderung wird stattfinden.
Natürlich wird es auch vieles an Arbeit geben, an Anpassung und Ausrichtung. Doch ihr Lichtarbeiter der golden-blauen Frequenz werdet – so wie alle Menschen von allen Frequenzen, die dazu bereit sind – bereit sein, die Neue Erde Sol'A'Vana zu gestalten. Und wieder werdet ihr euren Dienst antreten und es wird zu einer großen Vereinigung kommen!

Und ich, Metatron, habe dir erzählt, dass jedes Mal, wenn du eine Einweihung oder eine Segnung erhältst, sich ein genetisches Muster bildet. Es wurde hier in diesem Channeling sehr viel von diesen energetischen Mustern gesprochen und dies geschieht genau jetzt, weil die Zeit dafür gekommen ist, damit du dir bewusst wirst, dass du selbst das Buch des Lebens in deinem Lichtkörper schreibst!
Denn durch alles, was in dir ist, und durch alles, wie du der Zerrissenheit entfliehst, indem du dich für die Liebe entscheidest, wird dein Lichtkörper gestaltet und geformt. Am tiefsten können die Segnungen des Metatrons und die Tropfen, die Metatron ausschüttet, deinen Lichtkörper erreichen. Noch wird Metatron weitere Botschaften übermitteln, doch jetzt wirst du in diesem neuen Bewusstsein eine Segnung erhalten und Metatron bittet dich, dazu einige Momente innezuhalten und – wenn du möchtest – aufzustehen.

So ist das Leben im Universum ein junges, ein vielfältiges, ja, sogar ein persönliches Leben. Jedes Licht trägt Leben in sich und das gesamte Universum, jedes Wesen ist darauf bedacht, den Planeten aus der Dualität beizustehen, wenn sie den Sprung des Wechsels vollziehen.

Jedes Lebewesen im Universum dient der göttlichen Quelle und dient allem, was Licht ist. Es hat so viel gebraucht, um die göttliche Quelle davon zu überzeugen, dass sich die Seelen, Sol'A'Vana, Lady Shyenna aus eigener Kraft aus dem Spiel der Dualität befreien. Metatron möchte dir auch noch sagen, dass dies ohne Hilfe aus anderen Universen nicht möglich gewesen wäre. So brauchten wir magnetische Wesen aus einem anderen Universum, die bereit waren, ein neues Erdgitter um Sol'A'Vana zu knüpfen.

Die Nunis – so werden sie im magnetischen Universum genannt – sind magnetische Lichter. Sie wissen, dass es keinerlei Bedeutung hat, ob die göttliche Quelle einen Planeten oder einen Abschnitt eines Universums einatmet. Denn die magnetischen Lichter erglühen in ihrer Aufgabe und verglühen, um wieder neu zu erglühen.
Doch hat sich ein Wesen bereit erklärt, in ein fremdes Universum zu gehen, als magnetisches Licht mit Engeln zu verschmelzen, um für die Lichter der Planeten da zu sein. Und so ist es Metatron an dieser Stelle ein großes Bedürfnis, Kryon zu ehren und zu danken – für das, was er tut, und für das, was er ist –, denn ohne Kryon wäre es nicht möglich gewesen, den verirrten Planeten zu festigen. Es gibt viele Helfer aus anderen Universen sowie das gesamte, lebendige Universum und all jene auf Mutter Sol'A'Vana, die sich bereitstellen – ohne Zweifel, ohne Hader –, die Lichtarbeit zu verbreiten. Dafür erhaltet ihr eine Vielzahl an Geschenken, denn jedes Lebewesen im Universum ist unermüdlich in seinem Tun, in seinem Wirken. So wird es geschehen und Metatron sagt all jenen An'Anasha, die so viel Mut beweisen, wie du es tust.

A ni o'heved o'drach – du wirst unermesslich geliebt!
So ist es.

Die Transformation der Luzifer-energie und das Gitternetz der Liebe

Melek Metatron sendet dir Botschaften durch das Medium direkt in dein Herz hinein. Es sind Botschaften der Wahrheit und der Liebe und von bedeutender Wichtigkeit, denn du lebst im Goldenen Zeitalter.

Die großen Veränderungen dieses Zeitalters lassen sich nicht mehr verbergen. Melek Metatron ist mit der unermesslichen Liebe in einem jeden Menschen, denn ein jeder Mensch trägt dasselbe hohe Licht in sich, das euch miteinander vereint. Wenn ihr es ausdehnt, diese göttliche Flamme in euch, dann habt ihr in diesem Zeitalter die Möglichkeit, die Grundenergien des Planeten zu verändern. Wir sprechen sehr oft von der göttlichen Macht in euch Menschen, die es euch ermöglicht, in Fülle, in Gesundheit, in Frieden, in menschlicher Liebe, in Freude und allem, was du dir wünschst, auf Sol'A'Vana zu leben. Doch die göttliche Macht beinhaltet auch, dass du – wenn du einmal entdeckt hast, welches Potenzial du in dir trägst – du tatsächlich als Leuchtturm und Lichtarbeiter die Energien des Planeten verändern kannst. Und genau dies hast du von Anbeginn der Zeit getan!

In jeder deiner verschiedenen Inkarnationen hast du dich in verschiedenen Facetten erfahren. Doch du als Lichtarbeiter von der golden-blauen Frequenz hast von Anbeginn der Zeit das Versprechen gegeben, Lady Shyenna und den Menschen dienend zur Seite zu stehen, wenn 389 Planeten zurück in die göttlichen Magnetfeldlinien gebracht werden.
Jeder einzelne Mensch tut das auf seine ureigenste Art und Weise. Ein jeder Mensch wählt einen Weg, den ihm sein Herz oder seine

Seele zeigt. Das Kollektiv der Frequenzen, die in der Farbe gleich sind, können noch viel tiefgreifender für den Planeten, für Lady Shyenna oder die Menschen dienlich sein. Wenn sich ein Kollektiv der Liebe zusammenschließt und sich energetisch erhöht, wird sich auch bei allen anderen Menschen etwas verändern.
Vor noch nicht allzu langer Zeit war es möglich, ein Gitternetz der Liebe zu errichten. Dies ist geschehen und es ist von bedeutsamer Wichtigkeit, dass du verstehst, dass immer dann, wenn sich eine Energie erhöht, sie an das Kollektiv des Gitternetzes der Liebe angeschlossen wird!

Das Goldene Zeitalter hat begonnen, als Jesus in die Dualität gegangen ist. Mit einem Schleier des Vergessens ist er einen Weg gegangen, den in keiner Zeitepoche zuvor ein Mensch gegangen ist. Was auch immer Jesus begegnet ist, er hat mit Liebe geantwortet! Luzifer, der höchste Thronenengel der Liebe, Yoah'Toh, wird mit derselben Liebe überschüttet wie jedes hohe Licht auf Sol'A'Vana. Genauso, wie selbst Jesus den Schleier des Vergessens in sich getragen hat und so viele Menschen den Schleier des Vergessens in sich tragen, so ist es auch bei Luzifer.
In jeder Zeitepoche gab es bestimmte Avatare auf Sol'A'Vana, die sich bereit erklärt haben, einen Dienst zu erfüllen. Durch diese Avatare wurde nicht nur die Energie vieler Menschen, sondern auch die Grundschwingung des gesamten Planeten erhöht. Mit der Erhöhung der Grundschwingung wurde auch die Luziferenergie insgesamt erhöht. Das bedeutet für euer Goldenes Zeitalter, dass sich Luzifer ebenfalls sehr in der Energie erhoben hat, aber dennoch sehr machtvoll mit seinen Energien wirkt.

Metatron möchte zurückgehen zu der Harmonischen Konvergenz 1987, in der das Goldene Zeitalter in der vollen Blüte stand und es möglich war, in jedem Menschen die erste Lichtkörperstufe

zu aktivieren, sodass ein jeder Mensch auf dem Planeten die Möglichkeit hat, die enorme Energieerhöhung in seinem Körper mitzuerleben.
Viele Menschen fühlen sich berufen und spüren in ihrer Seele, dass sie gerufen wurden, mitzuwirken, den Planeten in die göttlichen Gedankenlinien zurückzuführen, ohne dass jemals ein Mensch seinen Körper verlassen muss – außer die Seele würde sich selbst dazu entscheiden.
Die Grundschwingung des Planeten wird auf jeden Fall erhöht. Wenn wir mit der neuen, magnetischen Energie Einfluss nehmen, dann immer auf eine bestimmte Art und Weise: Wir brauchen solche Kanäle, wie du es bist, die die neue Energie in sich aufnehmen und an Lady Shyenna und zu den anderen vielen, vielen Menschen weiterleiten. Wir können die neue Energie nicht einfach so verankern – irgendwo –, sondern wir brauchen die höchsten Kanäle als Filter, als Kanal, als Ausdruck!
Deshalb möchte dir Melek Metatron noch einmal bewusst machen, welch eine Macht du in dir trägst! Frage dich niemals, warum oder weshalb. So oft hören wir die Gedanken: „Warum gerade ich?“ Gerade du, gerade du bist es, den wir brauchen, denn du hast dich in den Dienst gestellt und dafür ehren und achten wir dich!

Wie wirkt die Luziferenergie im Goldenen Zeitalter? Sie wirkt einmal mit einem kleinen Anteil in jedem Menschen. Das ist das, was ihr in eurer Bewertung oft als Gut und Böse empfindet. Doch die hohen Lichter werten es nicht als Gut und Böse, sondern wir sehen es aus dem großen Ganzen heraus.
Die Luziferanteile, die die Menschen tragen, werden immer geringer. Mit jeder Weiterentwicklung, mit jedem Schritt, mit dem du in die Wahrheit und in die Liebe gehst, transformierst du in dir Luziferenergie. Sehr viele Lichtarbeiter haben die Luziferenergie in sich bereits vollkommen transformiert. Sie tragen die Schwingung

von 999. Erst wenn der Planet, erst wenn Lady Shyenna auch diese Schwingung 999 trägt, kann sich der Wechsel in die neue Energie vollziehen – und dazu brauchen wir dich!
In eurer Zeitepoche, im Goldenen Zeitalter, wirkt die Luziferenergie sehr vehement dagegen an, denn Luzifer – im Sinne von Energie – möchte die machtvolle Stellung, die er innehat und trägt, nicht aufgeben. Er möchte diesen Wechsel der Energien mit aller Macht vermeiden. Er setzt alles daran, damit der Planet nicht in die göttlichen Gedankenlinien zurückgeschoben wird.

Die Luziferenergie macht dies auf vielerlei Weise. Es ist eine eigene Intelligenz, die wirkt. In vielen alten Strukturen, in denen Macht zu Hause ist, ist besondere Luziferenergie zu spüren. Metatron ist es ganz wichtig, dass du verstehst, dass es sich nicht um eine einzelne Person handelt, sondern um eine Machtstruktur, die viele Personen und viele Energien beinhalten!
Immer wieder stellen sich hohe Wesen zur Verfügung, um diese Machtstruktur aufzulockern. Auch diese hohe Wesen tragen den Schleier des Vergessens. Doch bevor sie den Schleier des Vergessens übergezogen haben, haben sie sich zur Verfügung gestellt, um diese Machtstruktur aufzulockern, indem sie sich mit der machtvollen Struktur vereinen.
Durch solche Vereinigungen konnten weitere hohe Seelen inkarnieren, die jetzt mit einer aufgelockerten und großen Liebesenergie wirken können. Es haben sich immer wieder hohe Lichter bereitgestellt. Dies lockert die Energie enorm auf. Dadurch kann sich die Grundenergie des Planeten erhöhen.
Viele Menschen haben sich bereit erklärt, sich mit anderen Menschen zusammenzutun und diese in ihren Energien zu erhöhen, um Strukturen aufzulockern. Dabei geht es auch um die menschliche Liebe. Die Luziferenergie wirkt auf vielen Ebenen im Goldenen Zeitalter. Meist aber wirkt sie in den hohen Machtstrukturen.

Vielleicht fragst du dich jetzt: „Was kann ich dagegen tun?“ Wenn sich die Luziferenergie transformiert und erhöht, können sich diese hohen Energien an das Gitternetz der Liebe anschließen. Metatron möchte dir sagen, dass nicht mehr allzu viel Zeit bleibt. Das, was du – wie jeder einzelne Mensch – tun kannst, ist, das Licht nach außen zu tragen!

Wenn du in Gruppen bist oder wenn du Menschen triffst, die aggressiv oder wütend gegen dich sind, die dir vielleicht sogar etwas Böses wollen, wäre es die höchste Lichtarbeit, darauf mit Liebe zu reagieren. Wenn du dies tust, verändert sich die Energie und die gesamte Energiestruktur!

Manchmal ist dies nicht einfach und du brauchst dich dadurch auch nicht unter Druck setzen, aber ihr Lichtarbeiter seid auserwählt worden, den Menschen zu dienen. Ganz gleich, wie sich ein Mensch auch zeigt und welche Energie ein Mensch auch trägt, mache dir immer und zu jeder Zeit bewusst, dass auch dieser Mensch den göttlichen Kern und die göttliche Flamme in sich trägt! Du selbst, dein Licht muss lichterloh brennen, um das Licht des anderen zu entzünden – zu einer höheren Flamme!

Ihr Lichtarbeiter wurdet auserwählt, um als Leuchttürme in verschiedenen Funktionen zu wirken. Ein Leuchtturm fürchtet nicht den Sturm! Ein Leuchtturm ist kraftvoll und leuchtet dort, wo er gebraucht wird. Versuche Frieden mit der Luziferenergie zu schließen, denn somit kann ein großer Transformationsprozess in Gang gesetzt werden!

Du hast seit Anbeginn der Zeit die Botschafter der Liebe an deiner Seite. Trage sie wie ein Schutzschild vor dir. Es ist immer so – und das ist ganz wichtig, höre die Worte des Metatrons: Eine niedrige Energie kann niemals in eine höhere Energie eindringen, aber eine höhere Energie kann in eine niedrigere Energie eindringen und sie so erhöhen!

Denn nicht nur eine bestimmte Prozentzahl der Menschen muss die Energie 999 tragen, damit es zum Dimensionswechsel kommen kann, sondern auch Lady Shyenna selbst muss diese Energie tragen. Stell dir vor, dass ein Mensch voller Zweifel vor dir steht und vielleicht sogar aggressiv reagiert, und es gelingt dir, durch ein Lächeln, durch liebevolle Worte für einen Moment sein Herz zu öffnen, dann wird diese Energie genommen und an das Kollektiv aller Sterntetraeder* angeknüpft.

Viele Lichtarbeiter spüren intuitiv, dass sie an bestimmte Plätze gehen sollen. Viele wissen noch nicht einmal, warum. Ich sage und verkünde es: Dort werdet ihr gebraucht. Dort wird dein Licht gebraucht. Manchmal empfindest du es als unangenehm, doch es ist so wichtig, dies zu tun. Eines kannst du dir sicher sein: Niemals wird dir etwas geschehen, weil wir unsere Aufmerksamkeit vermehrt auf diejenigen richten, die sich spirituell entwickeln!

Auch wenn wir immer wieder sagen: Ein jeder Mensch, der die Liebe im Herzen trägt, wird genauso unermesslich geliebt wie ein jeder Mensch, der zweifelt – das ist die Wahrheit. Und doch ist es die Krönung von allem, wenn die spirituelle Entwicklung und die Absicht auf das gerichtet ist, was geschehen wird: der Energiewechsel der Dimensionen!

Bestimmte Gebiete von Mutter Sol'A'Vana sind noch sehr mit Luziferenergie behaftet. Dort kann es zu heftigen Kämpfen kommen. Durch die Errichtung des Gitternetzes der Liebe kann der Atem Gottes Sol'A'Vana auch dort verankert werden!

Zu einer ganz bestimmten Zeit werden wir einen Ruf senden und ihr Lichtarbeiter werdet euch in einem Kollektiv einfinden, das die größte Liebe erzeugt, die je auf einem Planeten gewesen ist. Dann wird auch die gesamte Erlösungsenergie des Christus freigelegt. Wirst du schreiten, wenn du aufgerufen wirst? Ihr werdet als goldener Kranz in dieser hohen Liebe die lebende Merkaba an Luzifer überreichen. Sie macht es Luzifer möglich, als

** Mehr über die „Sterntetraeder" findest du auf Seite 250.*

das zurückzukehren, was er ist: der höchste Liebesengel Gottes, Yoah'Toh!
Ihr Menschen werdet in eine Zeit hineingehen, die alles beinhaltet, was du dir erträumst. Melek Metatron möchte dich noch einmal darauf hinweisen: Sehe Luzifer nicht als deinen Feind, sondern trage Mitgefühl in deinem Herzen! So, wie die Engel zu deinen Füßen sitzen und dich ehren und achten, weil sie nicht vergessen haben, wer du in Wirklichkeit bist, so sei auch du voller Mitgefühl für all jene, denen es noch nicht möglich war, die Luziferenergie zu transformieren!
Melek Metatron liebt dich so unermesslich und jeder Schritt, den du gehst, jeder Schritt, den du tust, wird bewacht vom Auge Gottes! Es ist so wichtig, dass du die Botschaft in deinem Herzen aufnehmen kannst, wenn Metatron sagt: Lass dich von Menschen nicht verwirren. Lass dir nicht sagen, du bist nicht gut genug. Höre auf die Worte, die die Wahrheit beinhalten, wenn wir dir sagen: Du bist Träger all deiner Fähigkeiten. Du bist Träger der göttlichen Macht! Du bist Träger der Liebe und ein Bote. Somit sehen wir deine Vollkommenheit!
Je intensiver du dein Licht strahlen lässt, desto intensiver kann es die anderen Menschen berühren. Wenn sie manchmal mit Wut darauf reagieren, weil sie Angst vor dieser Liebe haben, dann lass ein Lächeln auf deinem Gesicht erscheinen, denn dann weißt du, wie viel Liebe du gerade gegeben hast und wie intensiv diese Liebe war. Lass dich nicht durch irgendwelche Menschen verunsichern oder von deinem Weg abbringen. Gnade und Liebe ist in dir!

So ist in den Worten der unermesslichen Liebe für dich eine Botschaft enthalten. Es sind die Worte: A ni o'heved o'drach! Du bist gesegnet für das, was du bist! So sei es.

An'Anasha!

GANESHA

Das Auflösen von Widerständen

Nama' Nostranos

Mit meinem Ursprungsnamen Nama'Nostranos begrüße ich dich mit den Worten: Omar Ta Satt! Doch auf eurem Planeten bin ich bekannt unter dem Namen Ganesha.
Ganesha wurde aufgerufen, in diesen Augenblicken die Worte und die Energie durch das Medium Sangitar zu dir zu bringen. Dies ist mir eine große Freude! Ganesha ist ein Wesen der Liebe. Nimm die Energie des Ganeshas über dein Drittes Auge direkt in deine Seele auf.

Ganesha möchte mit dir über Widerstände sprechen. Was bedeutet Widerstand? Widerstand bedeutet eine unbewusste oder bewusste Blockade gegenüber einer Öffnung eines Energieflusses, der zu dir kommen möchte. Darüber möchte Ganesha mit dir sprechen, damit du besser verstehen kannst, was die Geistige Welt meint, wenn sie über Widerstände spricht.

Du bist eine alte Seele – gemessen an den Inkarnationen. In allen wichtigen Zeitepochen hast du mehrmals inkarniert. In allen Zeitepochen wurdest du spirituell erzogen. Es wurden dir bewusste Vorgaben gegeben, damit du Erleuchtung erlangen kannst. Zwar hat jedes göttliche Licht mit jeder Inkarnation den Aspekt des Erwachens in sich getragen, doch dieser Aspekt war nur wenigen Avataren auf Sol'A'Vana zugänglich.
In diesen Zeitepochen war die höchste Stufe, die du erreichen konntest, die Erleuchtung. Um diese Erleuchtung zu erreichen, hast du vieles auf dich genommen. Viele dieser Zeitepochen

waren von Verboten und Richtlinien geprägt. Dir wurde genau gesagt, was du zu tun hast und was du zu lassen hast, damit du den Erleuchtungszustand erreichen kannst.
Doch mit der Zeitepoche der Neuen Zeit, dem Goldenen Zeitalter, wurde dein Erwachungsaspekt aktiviert. Denn im Goldenen Zeitalter wirst du etwas erleben, was es so auf diesem Planeten noch nie gab: einen vollständigen Dimensionswechsel. Deshalb war es notwendig, den Erwachungsaspekt zu aktivieren und über den Erleuchtungszustand hinauszugehen.

Dieses Goldene Zeitalter ist von neuer Energie geprägt. Dieses Neue Zeitalter beinhaltet die Freiheit, die menschliche Liebe, die Fülle, Gesundheit, Geborgenheit, Freude und Frieden für dich. All das kannst du erreichen! Doch der Widerstand, nämlich die unbewussten oder bewussten Blockaden – viele der hohen Lichter im Universum nennen dies auch „die kristallinen Strukturen" – sind immer wieder in deiner Seele eingebettet.
Der Widerstand, es zu genießen, etwas für dich in Anspruch zu nehmen – ohne Verbote zu hören, ohne direkte Anweisungen, was du zu tun und zu lassen hast –, ist für dich oftmals sehr, sehr schwierig. Zu oft erinnerst du dich unbewusst an all jene Zeitepochen, in denen dies bedeutet hätte, dass du den Erleuchtungszustand nicht erreichen kannst.
Hierzu nenne ich dir ein Beispiel: Wenn du in der Zeitepoche von Avalon als Hohepriesterin gewirkt hast, wurde von dir verlangt, dass du dich der menschlichen Liebe entsagst. Doch in diesem Zeitalter der wunderbaren Freiheit darfst du als Priesterin und sollst du als Priesterin die menschliche Liebe leben. Doch für viele Lichtarbeiter ist das unbewusst sehr, sehr schwierig, zu akzeptieren.

Widerstand bedeutet nicht – was viele Menschen zu glauben scheinen –, dass du die spirituelle Welt für dich nicht akzeptierst.

Das Kollektiv unter den hochspirituell bewussten Menschen, wie du es bist, heißt es gut, dass das Goldene Zeitalter geprägt ist von Erwachen. Erwachen ist die höchste Stufe der Spiritualität. Das bedeutet, die menschliche Liebe zu leben, die Fülle für dich anzunehmen, die Gesundheit, die Geborgenheit, die Freude und den Frieden.
Du findest das alles sehr gut, wenn du im Kollektiv bist. Du befürwortest das auch und du spürst mit jeder Botschaft, dass das die Wahrheit für dieses Zeitalter ist. Doch wenn du nicht im Kollektiv bist und du dieselben Attribute für dich selbst annehmen sollst, dann gehst du in Widerstände.
Dann fragst du dich in so vielen Situationen des Alltages: „Warum funktioniert das für mich nicht, die Fülle, die Gesundheit, die menschliche Liebe, die Freude, die Geborgenheit und den Frieden anzunehmen? Warum erlaube ich es mir nicht, in die Freiheit zu gehen – ohne Fesseln, ohne Grenzen, ohne Verbote?“
So wiederholt Ganesha noch einmal die Worte: Es hat damit zu tun, dass du in vielen, vielen Zeitepochen, in den meisten deiner Inkarnationen, Verbote entgegen¬genommen hast. Für diese Zeitepochen waren diese Verbote noch sehr wichtig, aber es war eine andere Zeit und eine andere Energie. Du hast all dies durchlaufen – immer mit der Erkenntnis und dem inneren Wissen, dass es eine Zeitepoche geben wird, in der sich all dies verändert.

Schon in Zeiten von Atlantis und Avalon wurde dir von der Geistigen Welt mitgeteilt, dass es einmal eine andere Energie geben wird, die über den Erleuchtungszustand hinausgehen wird. Nun sitzt du hier in deinem Raum, in dieser Zeit und hörst die Worte von Ganesha. Für viele Menschen ist es einfacher, wenn sie klare Regeln vorgegeben bekommen, doch das Goldene Zeitalter ist von Freiheit geprägt.
Der göttliche Mensch auf Sol'A'Vana ist in dieser Zeitepoche

berechtigt, in jeder Situation seines Lebens all seine Macht und seine Göttlichkeit zu leben. Wenn du das schaffen könntest, würden sich deine Hoffnungen und deine Wünsche, deine Visionen im Lebensalltag manifestieren.
Wenn du dir selbst Grenzen setzt, wenn du noch immer daran glaubst, dass Verbote wichtig sind, dass nur der von der Geistigen Welt akzeptiert und geliebt wird, der stundenlang meditiert und in Armut lebt, sich der menschlichen Liebe entsagt, dann wirst du diese Freiheit nicht finden.
Und doch befindest du dich mit jedem Atemzug in dieser Freiheit, weil sich diese Energie immer mehr und mehr manifestiert. Sehr oft überbringt die Geistige Welt die Botschaft: „Sprenge die Fesseln, die dich behindern, deinen Weg zu gehen! Es gibt keine Grenzen – außer denjenigen, die du dir selbst setzt!“ Gehe über diese Grenzen hinaus und erkenne, was sich hinter dieser Grenze verbirgt. Dort wartet auf dich genau dieses Leben, das für dich bestimmt ist!

Es fällt jedem Menschen schwer, sich in seiner göttlichen Vollkommenheit anzunehmen. Wenn die hohen Lichter des Universums zu dir sagen: „Du bist in deiner Seele, in deinem Lichtkörper vollkommen, denn in dir ist der göttliche Kern“, dann ist es für dich schwer, dies so zu akzeptieren. Allein in dieser Inkarnation haben dir so viele Menschen erzählt, dass es anders ist, dass du es vielleicht nicht wert oder du nicht gut genug bist.
Doch höre die Worte von Ganesha: Ein jeder Mensch hat in dieser Zeit die Gelegenheit, sein göttliches Licht nach außen zu tragen, sich von den dualen Ketten, von den kollektiven Energien, die Angst säen und Grenzen schaffen, zu befreien. Du hast immer die Möglichkeit, eine Situation – so, wie sie sich dir im Alltag zeigt – aus deiner Göttlichkeit heraus zu betrachten und dich nicht dem Kollektiv anzuschließen.

Natürlich ist uns bewusst, dass es in der Dualität nicht leicht ist. Und doch können wir dir keine andere Botschaft übermitteln als wie diese, wie die Menschen mit ihren Sorgen und Problemen umgehen: Wenn ein Mensch ein Problem hat oder Sorge trägt, dann gibt er genau in diese Situation seine ganze Energie.
Er fühlt und denkt an nichts anderes als an dieses Problem und diese Sorge. Dann geschieht es, dass sich diese Energie der Angst und der Sorge mehr ausdehnt und immer größer wird. Würdest du mit deiner Göttlichkeit auf die Lösung schauen, dann wüsstest du, was du zu tun hast. Denn mit jedem Problem, das du dir schaffst, erschaffst du dir gleichzeitig eine Lösung!

Manchmal werden dir die Lösungen auf einem goldenen Tablett serviert. Doch wenn dein Blick zu sehr auf die Angst, die Sorge und das Problem gerichtet ist, ist es schwierig, auf das goldene Tablett zu blicken und die Lösung zu erkennen – vor allen Dingen dann, wenn die Lösung etwas ist, was du vielleicht nicht kennst: etwas Neues, eine Veränderung.
Eine Lösung anzunehmen bedeutet Mut. Viele Menschen fühlen sich so mutlos. Sie meinen, nicht die Kraft für eine mutige Entscheidung zu haben. Doch ich sage dir: Du bist die mutigste Seele überhaupt! Du warst es, der in die Dualität inkarniert hat. Du warst es, der alles auf sich genommen hat, um Sol'A'Vana nach Hause zurückzuholen. Du hast als hohes Licht eine bewusste Entscheidung getroffen, die energetischen Flügel abzunehmen und eine weite Reise anzutreten – in die tiefste Dualität. Es gehört so viel Mut dazu, dies zu tun!
Deshalb sagen die Engel immer wieder: „Wir ehren und achten dich für das, was du tust!“ Mache dir das bewusst, wenn du meinst, dass du in deinen alltäglichen Entscheidungen mutlos bist. Vertraue auf die Kraft, die dir innewohnt! Denn mit dieser Kraft – wenn du sie freilässt – wirst du nur noch auf die Lösungen schauen und

irgendwann keine Lösungen mehr brauchen, weil du dir gar kein Problem mehr manifestierst.

Ganesha wurde auserwählt, weil alleine meine Energie durch die Worte von Sangitar sehr tief wirken. Doch werde ich jetzt bewusst Widerstände auflösen und den Energiefluss fließen lassen – wenn du es erlaubst. Dazu bitte ich dich: Atme das Licht der Liebe in dich hinein.

Was glaubst du: Liegen deine Widerstände tief in deiner Seele? Was erlaubst du dir nicht anzunehmen? Ist es die menschliche Liebe? Ist es die Fülle? Ist es die Gesundheit, die Freude, die Geborgenheit oder der Friede?

Wo spürst du immer noch Grenzen, die dir nicht erlauben, dein göttliches Licht in die Weite zu tragen? Wo fühlst du dich nicht mutig genug, eine Entscheidung für dein Leben zu treffen, nur weil es eine Veränderung in sich birgt?

Nun entscheide dich ganz bewusst. Willst du, dass Ganesha diese Widerstände auflöst? Willst du die menschliche Liebe, die Fülle, die Gesundheit, die Freude, die Geborgenheit und den Frieden annehmen?

Willst du für dich selbst erkennen, dass es große Toleranz braucht, um dich selbst nicht zu bewerten; um nicht zu überlegen, was nicht richtig an dir ist, was andere Menschen über dich sagen, was du zu tun oder zu lassen hast? Willst du dich dafür entscheiden, dass du für dich deine Entscheidungen selbst triffst und anerkennst, wie schön du bist?

Wenn du dich für das eine oder andere mit einer klaren Absicht entschieden hast, wird Ganesha nun diese Strukturen entfernen. Ganesha ist eine sehr starke Energie, sehr liebevoll und voller Licht. Wenn du jetzt bereit bist, werden die Energien von Ganesha in dich hineinfließen. Du wirst es sofort spüren.

Das Goldene Zeitalter ist kein Zeitalter des Verstandes, der Überprüfung, der Verbote oder Grenzen. Das Goldene Zeitalter leitet den Aufstieg ein. Die Energien bewegen sich in Richtung Wirklichkeit. Somit ist das Goldene Zeitalter das Zeitalter des Vertrauens, der Toleranz, der Liebe, der Verbundenheit, der Einfachheit.

Genau deshalb, genau deshalb bist du einst auf diesen Planeten gekommen; warst in Lemurien reines, pures Licht; hast so vieles auf dich genommen – in der Gewissheit, dass Sol'A'Vana mit vielen anderen Planeten in die göttlichen, magnetischen Linien zurückgezogen werden. Nun wirst du es in diesem Leben, in dieser Inkarnation miterleben – mit deinem Körper.

Wenn sich das vollzieht, dann wirst du vollkommen begreifen, was dir die 36 Hohen Räte mit jeder Botschaft übermittelt haben. Denn dort, wo die Wirklichkeit ist, gibt es keine Verbote; es gibt kein Richtig oder Falsch. Du wirst erkennen, dass du ein göttlicher Mensch, ein Avatar auf diesem Planeten bist.

So werden wir unsere bedingungslose Liebe immer weiter und weiter – höhere energetische Muster – mit den Botschaften zu dir fließen lassen. Doch die Worte werden sich immer wieder wiederholen, damit auch die letzte kristalline Struktur des Widerstands sich in dir auflösen kann und du als Avatar dein Leben so lebst, wie du es für dich als richtig empfindest.

Rufe Ganesha während der nächsten sieben Tage. Bitte Ganesha, dass kristalline Strukturen des Widerstandes entfernt werden, während du dich zur Ruhe begibst und dein Verstand schlafen gegangen ist.

So war es mir eine große Freude, dieses Geschenk zu dir zu bringen! So ist es, so sei es und ich verabschiede mich mit den Worten: A ni o'heved o'drach!

An'Anasha!

SABINE SANGITAR

Yoah'Toh, die 144.000 und Lemurien

Chamuel: Liebste Bine, liebste Sangitar! In diesem Buch unternehmen wir eine kleine Reise durch die Zeitepochen, denn deren Energie und Verbindung ist für den Aufstieg wichtig. Doch dic Zusammenhänge sind für uns Menschen nur schwer zu verstehen und darum freue ich mich so sehr und danke dir, dass du uns mit deinen Worten noch mehr erklären wirst. Kannst du deshalb bitte damit beginnen, uns etwas darüber zu erzählen, wie alles begann?

Sangitar: Omar Ta Satt lieber Chamuel und liebe Leser! Ja, es ist wirklich wichtig, zu verstehen, dass das Ganze dazu gedient hat, um die Liebe im Universum erfahrbar und spürbar zu machen! Es war ein Experiment und niemand wusste, was passieren wird, wenn Yoah'Toh vom Liebesband Gottes abgetrennt wird. Es war die eigene Entscheidung von Yoah'Toh und ein Ausdruck von höchster Liebe, Hingabe und Mut.
Als Yoah'Toh von der Merkaba des göttlichen Gedankenfeldes abgetrennt wurde, ist er im Universum in viele Teile explodiert. Er schlug als Kometenhagel auf vielen Planeten ein. Aber richten wir unsere Aufmerksamkeit nur auf unseren Planeten. Er hat

einen Teil der Erde in die Tiefe gerissen. Die Erde hieß damals „Lemuria“, aber da sie sich über die Zeit in der Schwingung verändert hat, hatte sie verschiedene Namen und trägt heute die Töne „Sol’A’Vana“.

Das Resultat des Aufschlages war, dass im Universum Luziferenergie entstand. Das war nicht weiter schlimm, da die lebenden Lichter im Universum, die hohen Lichter und die Engel, durch das Einatmen der Luziferenergie diese auch sofort transformieren und aus sich herausziehen konnten. Es hatte keinerlei Auswirkungen auf die lichten Wesen.

Das eigentliche Problem waren die schlafenden Lichter auf Lemuria, die von den magnetischen, göttlichen Linien weggerissen wurden. Sie konnten die Luziferenergie nicht transformieren, da sie ohne Bewusstsein waren. Doch der Weg von Lemuria in die Tiefe war so weit, dass es eine Frequenz gab, in der es keine Lichtwesen mehr gab, die die Luziferenergie mit ihren Atemzügen transformieren konnten. Dort konnte sich dann die Luziferenergie verteilen.

Chamuel: Was ist dann mit diesen bewusstlosen Lichtern auf Lemuria geschehen? Kannst du uns bitte mehr über sie erzählen?

Sangitar: Als der Kometenhagel auf Lemuria einschlug, waren 144.000 hohe Lichter in den Kristallbibliotheken beschäftigt, ihre Arbeit zu verrichten. Diese 144.000 Lichter haben beim Einschlag des Kometenhagels ihr Bewusstsein verloren. Sie hatten keinen Körper und konnten deshalb nicht sterben. Da sie ihr Bewusstsein verloren haben, atmeten sie die Luziferenergie ein, konnten sie aber nicht transformieren.

Das war nicht geplant und damit war Melek Metatron klar, dass das Experiment misslungen war und dass Gott wieder einatmen würde. Er sah keine Chance, doch dann haben sich 144.000

Lichter gemeldet. Sie traten aus dem Licht hervor und begannen zu singen. Sie haben gesungen und kundgetan, dass sie Lemuria nach Hause zurückholen wollten. Sie waren so sehr in der Liebe und in der Einheit. Sie wollten nichts unversucht lassen, damit Gott nicht einatmet.

Der wesentliche Punkt ist, dass sie das nicht aus Angst davor getan haben, dass Gott wieder einatmet, sondern aus der tiefsten, reinsten und höchsten Liebe heraus. Sie waren in dem Bewusstsein, dass sie diese schlafenden Lichter wieder nach Hause zurückholen wollten und sagten: „Wir treten diese lange Reise an und gehen in die Kristallbibliotheken. Wir wollen helfen.“ Sie wussten, wenn sie da runtergehen, dass sie nur dann helfen könnten, wenn sie sich in diese Lichter hineinbegeben würden und die Luziferenergie für diese Lichter einatmen, transformieren und wieder ausatmen.

Melek Metatron war sehr bewegt, dass so viele Lichter in die Absicht gingen, um zu retten. Es waren im Universum ganz bewegende Momente voller Freude. Melek Metatron sagte daraufhin – und ich benutze hierfür sehr menschliche Worte: „Ihr seid die höchsten und reinsten Lichter. Wenn ihr diese Reise antretet, müsst ihr durch diese Frequenz, in der es keine Wesen mehr gibt und in der alles voller Luziferenergie ist. Bis ihr unten angekommen seid, seid ihr ebenfalls von der Luziferenergie infiziert. Das funktioniert nicht.“
Die Reise nach Lemuria war so lang und so weit, dass die Lichter selbst so viel Luziferenergie aufgenommen hätten und bei der Ankunft die Luziferenergie der schlafenden Lichter nicht mehr hätten transformieren können. Außerdem befand sich Lemuria in einer Art schwarzen Loch, in dem die Lichter nicht transformieren konnten. Die Transformation war im göttlichen Teil möglich, auf Lemuria – oder besser gesagt: Lemurien, wie die Erde nach dem Aufprall hieß –, gab es keine Möglichkeit der Transformation mehr.

Daraufhin ist ein sehr hohes Lichtwesen hervorgetreten und fing an zu singen. Die 144.000 Lichter haben in diesen Gesang eingestimmt. Es entstand ein Ton, der einen Kristall erzeugt hat. Dieses mutigste Lichtwesen von den 144.000 Lichtern hat sich bereit erklärt, sich in einem weiteren Experiment in diesen Kristall einzubetten, in diesen höchsten Ton, der ihm somit Schutz gewährte, um die Reise antreten zu können.
So wurde ein neues Experiment gestartet: Ein hohes Lichtwesen, eingebettet in den Schutzkristall, trat die Reise nach Lemurien in die Kristallbibliotheken an. Das war erfolgreich. Dieses Lichtwesen hat den Kristall wieder freigegeben und so reiste die erste Welle an hohen Lichtern, eingebettet in dem Kristall, nach Lemurien und es funktionierte. Auf diese Weise konnten 144.000 Lichter in die Kristallbibliotheken gehen, um sich in die schlafenden Lichter hineinzulegen. Sie nahmen die Luziferenergie auf und transformierten sie.

Was ich so bewegend und berührend finde, ist, dass ihr es gewesen seid, die runtergegangen sind! Ihr habt diese Energie in euch aufgenommen und transformiert. Dadurch seid ihr menschlich geworden. Ihr hattet zwar noch keinen Körper – das dauerte noch viele Tausende von Jahren –, doch das war eure allererste Inkarnation als reines Licht ohne Körper. Ihr habt dadurch, dass ihr die Luziferenergie aufgenommen und transformiert habt, die Erde Sol'A'Vana und seine Wesen gerettet!

Chamuel: Das ist wirklich sehr berührend …

Sangitar: So entstand auch die Zahl 144.000. Auf unserem Planeten waren es 144.000 reine Lichter, die durch den Kometeneinschlag von Yoah'Toh ihr Bewusstsein verloren haben. Es werden wiederum 144.000 Lichtarbeiter benötigt, damit sich der Aufstieg vollziehen kann.

Diese müssen nicht alle von der golden-blauen Frequenz sein. Aber die, die als Erste runtergegangen sind, sind die ältesten Seelen, die höchsten Lichter, mit einem ganz speziellen Auftrag für diese Neue Zeit. Ich sage das jetzt sehr ernsthaft, da dies so wichtig ist: Das ist es, warum ihr hier seid! Dadurch wurdet ihr golden-blau. Ihr werdet wegen diesem Schritt, nach Lemurien gegangen zu sein, als die golden-blaue Frequenz bezeichnet.
Nach euch folgten die orangefarbene, die violette und die gelbe Frequenz. Diese sind in die Kristallbibliotheken nachgekommen und hatten ganz andere Aufgaben, die sie heute, im Goldenen Zeitalter, auch wieder erfüllen. Die meisten auf jeden Fall.

Chamuel: Kannst du uns bitte Näheres über diesen Schutzkristall erzählen, mit dessen Hilfe wir nach Lemurien gehen konnten?

Sangitar: Der Kristall beinhaltet den Vollkommenen Ton! Dieser Ton, dieser Kristall ist auch heute noch der Vollkommene Ton! Der Aufstieg wird sich dann vollziehen, wenn Lady Shyenna diesen Vollkommenen Ton erkennt. Das war auch für mich neu, da ich mir auch nicht genau vorstellen konnte, wie der Aufstieg beginnen würde. Melek Metatron sagte, dass Lady Shyenna den Vollkommenen Ton zu singen beginnt und somit den Aufstieg einleiten wird.
Wir werden zuvor den Vollkommenen Ton hören. Lady Shyenna muss wie wir diesen Vollkommenen Ton erkennen – bei uns läuft dies unbewusst ab. Wir erkennen den Vollkommenen Ton, indem wir uns göttlich erkennen. Das heißt, immer wenn wir uns göttlich erkennen, erklingt in unserer Seele der Vollkommenen Ton, auch wenn wir ihn nicht hören können. Unsere Seele singt also den Vollkommenen Ton bereits.

Chamuel: Das ist höchstinteressant!

Melek Metatron sprach in einem der Channelings von 389 Planeten, die beim Aufstieg zurück in die göttlichen Magnetfeldlinien gebracht werden. Was hat es mit diesen 389 Planeten auf sich?

Sangitar: Als die Luziferenergie einschlug, wurden von unserem Ur-Planeten 389 Frequenzen weggerissen, die sich dann zu Planeten weiterentwickelt haben. Durch den Aufschlag haben sie sich von dem magnetischen, göttlichen Feld abgelöst. Doch beim Aufstieg werden sie wieder in die magnetischen Linien zurückgeholt und wieder mit dem großen, ursprünglichen Planeten energetisch verbunden. Diese 389 Teile haben sich unterschiedlich entwickelt. Die Erde Sol'A'Vana hat sich anders entwickelt als die anderen Teile. Das planetare Netz und das Gitternetz der Liebe sind energetische Kräfte, die diese 389 Planeten gleichzeitig anheben, wenn Lady Shyenna den Vollkommenen Ton zu singen beginnt. Dazu braucht es ein Gitternetz in und um Sol'A'Vana und die magnetische Energie zieht dann diese Planeten nach oben.
Dadurch gibt es eine große Erschütterung im Universum. Das ist etwas sehr Schönes, vor dem wir keine Angst zu haben brauchen. Auf diese Erschütterung warten alle im Universum, da sich dadurch die Hierarchien verschieben und einige näher an das göttliche Gedankenfeld gehoben werden.

Zum besseren Verständnis möchte ich noch erklären, dass bei der Anbindung der 389 Planeten die Oberfläche von Mutter Sol'A'Vana nicht zerstört wird. Es ist eine energetische Verschmelzung. Wichtig ist zu wissen, dass die Planeten, die in diese Frequenz zurückkehren, in ihrer Hierarchie aufsteigen. Durch die Erschütterung bewegt sich das Universum und die Hierarchien verschieben sich. Durch diesen Schub steigen andere Planeten auf.
Das ist für die Engel wesentlich. Es wurde einmal gesagt, dass die Sehnsucht ein Gefühl aus der Wirklichkeit ist und diese Sehnsucht

tragen auch die Engel in sich. Aufgrund dieser Sehnsucht dienen sie. Durch diese Sehnsucht wollen sie noch näher an das göttliche Gedankenfeld – noch näher zu Gott. Deswegen dient ein Engel so gerne.

Chamuel: Gibt es sonst noch etwas, das für uns wichtig ist, über Lemurien zu wissen?

Sangitar: Nach eurem Liebesdienst, als ihr euch in eurer ersten Inkarnation zu Verfügung gestellt habt, hat sich eine solch große, erste Energieanhebung vollzogen – die Geistige Welt spricht von einem ersten Aufstieg –, dass Gott nicht eingeatmet hat. Danach habt ihr am Lemurischen Feuer ein Gelöbnis abgelegt. Dort habt ihr eure Aufgabe erfahren und euer Versprechen gegeben, euch in jeder Inkarnation für das Goldene Zeitalter vorzubereiten.
Wenn dies für dich zutrifft, wirst du es spüren können, wenn du bei den nächsten Channelings nach Lemurien reist. Lemurien ist für den Aufstieg wesentlich. Ihr werdet es dort erahnen können, was es bedeutet, wenn sich der Aufstieg vollzogen hat. Es ist eine Reise nach Hause!

Chamuel: Das ist ja großartig! An'Anasha!

Sangitar lächelt: An'Anasha!

Lemurien und Atlantis

Kapitel II

SETH

Die Aktivierung des lemurischen Kristalls

Mit den Worten – Omar Ta Satt – begrüße ich dich! Mit meiner Energie, mit meinem Licht, mit meinem Strahl – Seth – lasse ich die Botschaften der lemurischen Energie zu dir fließen. Seth wirkt im Lichte der unermesslichen Liebe kompromisslos – wie einst in der Zeitepoche Atlantis.
Es mag dir möglich sein – in der Dualität, in dieser Energie, in der ihr Menschen euch noch befindet –, Kompromisse für dich zu finden. Doch in der Wirklichkeit gibt es keinen Kompromiss. In der Wirklichkeit findet sich die Liebe und das Licht. In der Wirklichkeit findet sich die Einheit mit allem, was ist.

Mit Lemurien hat alles begonnen. Als das große Experiment stattgefunden hat und sich Yoah'Toh aus der Merkaba Gottes herausgetrennt hat, wurde auch das Liebesband durchtrennt. Ein riesiger Kometenhagel hat Planeten in die Tiefe gerissen. Doch das Feld Lemurien wurde davon nicht betroffen. Lemurien ist das größte Wirklichkeitsfeld auf eurem Planeten.
In Lemurien gab es keinen Körper. Über Millionen von Jahren habt ihr höchsten Lichtarbeiter mit purem Licht, mit voller Kraft

und großer Absicht in Lemurien gewirkt. Doch auch wir wussten nicht, was bei diesem Experiment geschehen würde. Auch für uns war es neu und wir haben Vorbereitungen getroffen.
Es war nicht abzusehen, dass sich ein Körper um euer Licht bildet. Als hohes Licht seid ihr mit der Überzeugung nach Lemurien gereist, mit eurem Licht die Luziferenergie zu transformieren und die Planeten wieder nach Hause zurückzuholen. Für uns war es nicht einfach, dabei zuzusehen, wie ihr immer mehr vergessen habt, wer ihr seid, und sich ein Schleier um euch gelegt hat.

Lemurische Energie ist in dieser Zeitepoche sehr wichtig – denn alles soll sich vereinen; denn mit Lemurien wird es auch zum Aufstieg kommen. Du hast einen Kristall erhalten. Dieser Kristall trägt die Ur-Information von dir als reines Licht, als welches du nach Lemurien gegangen bist!
Wenn Seth nun den Kristall Amba'Rees, Amba'Rees, Amba'Rees aktiviert und in deinen Lichtkörper einbettet, wirst du sofort spüren – mehr als je zuvor –, dass du mehr bist als nur Körper; dass du in Wirklichkeit reines Licht bist – kraftvoll, machtvoll. Und du wirst spüren, dass dieser Kristall in allen Facetten der puren Kraft und des Lemurischen Feuers in dir wirken wird.
Wir tun derzeit alles dafür, dass die Energien sich zu einem Vollkommen Ton vereinigen. Amba'Rees hat eine tiefe Bedeutung. Denn es ist – wie das Lemurische Feuer – ein Zeichen unserer Wertschätzung und unser Liebe für dich, um dir zu zeigen, wie kraftvoll du tatsächlich bist!

Mit jeder Schicht, die sich um dein Licht gelegt hat, während du in Lemurien deinen Dienst angetreten hast, wurdest du immer weiter in das Vergessen geführt – in das Vergessen durch die Macht der Dualität und der dort herrschenden Energien. Doch genau jetzt ist der Zeitpunkt gekommen, für dich spürbar zu machen,

dass du von Anbeginn der Zeit bis heute dieses reine Licht in dir getragen hast!
Durch die Entwicklung deines Körpers wurde das Licht nicht ausgelöscht. Doch in der Dualität wurde es geschwächt und in dieser Energie hat sich vieles ereignet, was selbst wir nicht ahnen konnten: Zwei Mal wurde versucht, Sol'A'Vana nach Hause zurückzuholen – zwei Mal ist dieser Versuch fehlgeschlagen. In dieser Zeit wird es einen dritten Versuch geben – und ich sage dir: Dieses Mal wird es gelingen!
Deshalb sind diese Vorbereitungen so notwendig. Wenn es zum Aufstieg kommt, wird jedes eingebettete Muster freigegeben werden. Und obwohl du einen Körper hast, wird das reine Licht so mächtig sein, dass es dir möglich sein wird, dies in deinem Körper mitzuerleben.

Amba'Rees - der Lemurische Liebesfeuerkristall

Gehe jetzt in die tiefste Absicht – in dein göttliches Licht – und dehne dich aus.

Aktiviere deinen Herzensstrahl und erteile uns die Erlaubnis, Amba'Rees nun zu aktivieren. Wir werden diese Energie, die die*

** Mehr über den „Herzensstrahl" findest du auf Seite 251.*

Ur-Information deiner lemurischen Inkarnation trägt, direkt in deinen Herzensstrahl fließen lassen. Dies geschieht jetzt!

(Nimm dir hierfür etwas Zeit.)

Bitte nun deine Persönliche Engelsgruppe, dass sie die Energie von Amba'Rees in deinen Aspekten verteilt und somit deinen Lichtkörper ausdehnt.

Bitte nun deine Persönliche Engelsgruppe, deinen Seelenaspekt in dein göttliches Feuer zu stellen. Seth ist ein sehr kraftvolles und mächtiges Wesen. Seth ist voller Liebe für dich. Ich bin voller Liebe für Lady Shyenna. Mit meiner ganzen Kraft, mit meiner Macht und der Befugnis werde ich nun die Energie von Amba'Rees – so, wie es für dich zu diesem Zeitpunkt richtig ist – in deinen Seelenaspekt fließen lassen. Und wenn du es erlaubst, wirst du spüren können, welch ein hohes Licht in dir ist und warum wir dich so sehr ehren und achten. Die Übertragung beginnt jetzt.

(Lasse dir hierfür wieder etwas Zeit.)

Diese Energie wird sich immer weiter ausdehnen, immer tiefer spürbarer für dich werden. Denn gerade in dieser Inkarnation sendet dir deine Seele diese Impulse. Und schon immer – wenn du auf diese Impulse geachtet hast – hat deine Seele dir gesagt: Du bist etwas Besonderes! Du trägst viele Fähigkeiten. Du hast immer gespürt: Es ist mehr in dir! Durch vielerlei Gründe hast du vielleicht diesen Impuls deiner Seele zurückgewiesen. Mit dem Kristall Amba'Rees wird dies nicht mehr möglich sein.
Denn wir wollen, dass du erkennst: Ja, du bist etwas Besonderes! Ja, du trägst viele Fähigkeiten. Ja, du bist von der golden-blauen

Frequenz und du bist das mutigste Licht, das nach Lemuria gegangen ist, um schon zu jener Zeit dabei zu sein, den Planeten wieder nach Hause zurückzuholen! Dadurch, dass du dieses Versprechen in Lemuria abgegeben hast, warst du in jeder Zeitepoche dabei, hast alle Energien in dir aufgenommen.

Besonders in dieser Inkarnation spürst du das Goldene Zeitalter, die Energie, das Prosonodo-Licht von Jesus. Du spürst die Weichheit, die Sensitivität; du spürst die Liebe und du spürst auch, dass alles miteinander verbunden werden möchte. Und so werden wir alles dafür tun, dass dies geschieht, damit der Vollkommene Ton sich öffnen kann.

Seth liebt dich unermesslich – genau so, wie du bist. Diese Liebe ist ohne Kompromisse. Ich liebe dich unermesslich!

An'Anasha!

KRYON

Die Entzündung des lemurischen Liebesfeuers

Ich bin Kryon. Ich liebe dich so unermesslich und ich wurde auserwählt, dich nach Lemurien zu führen, wo du einst als reines Licht mit der ganzen Kraft und deiner Macht gewirkt hast – als du noch nicht vergessen hattest, wer du bist, und dir vollkommen bewusst warst, was du tust, mit welcher Absicht du nach Lemuria reistest. So bringe ich dich zurück in jene Zeit.

Wie Seth es dir schon überbracht hat, gab es in der lemurischen Zeitepoche keinen Körper. Als sich der Körper gebildet hat und klar war, dass Sol'A'Vana nicht nach Hause zurückgeholt werden kann, wurde die lemurische Zeitepoche geschlossen.

Als du als hohes Licht nach Lemurien gegangen bist, war deine erste Aufgabe, zwei Lichtabdrücke von dir in der Kristallstätte zu erschaffen.
Der erste Lichtabdruck diente der Regeneration und Erneuerung deines Lichtes. Denn du bist ja nicht heimgekehrt und hast neu inkarniert. Wenn du also außerhalb der Kristallstätte gewirkt hast, um Energien zu transformieren, bist du zurückgekommen und hast dich in deinem Lichtabdruck erneuert und regeneriert. Dieser Lichtabdruck beinhaltet alles, was du bist: die hohe Liebe und Kraft des eigentlichen Seins.
Der zweite Abdruck, den du erschaffen hast, war der Sewaja-Aspekt. Ein Aspekt der Informationen, die du dort eingebettet hast und die heute noch dort vorhanden sind.

Das Dimensionstor wird bewacht von 144 Wächtern. Sie bilden eine Merkaba und atmen in einem Rhythmus aus und ein. Wenn du mit einigen deiner Aspekten auf Reisen gehst, überprüft Hiam'Destranus deine Absicht und fordert die Wächter auf, außerhalb des Rhythmus einzuatmen. Mit diesem Sog der Energie wirst du in die Kristallstätte gebracht – umhüllt von einer Membran, von einem Licht. Erst wenn das Tor geöffnet wird, wird diese Membran, dieses Licht, aufplatzen und die ganze lemurische Energie wird in die Dualität fließen.

Bitte deine Persönliche Engelsgruppe, einige deiner Aspekte – sie wissen, welche Aspekte notwendig sind – mit der Energie von Amba'Rees in die göttliche Flamme zu ziehen.

Wir haben dich auf allen Ebenen geerdet und mit einem tiefen Atemzug beginnt die Reise.

Das große, zirkulierende Wirklichkeitsfeld ist bereit und Hiam'Destranus fordert die zirkulierende Merkaba auf, einzuatmen. Mit diesem Strom der Energie wirst du in das Innere des Feldes gebracht.

Es ist ein Gefühl von höchster Liebesenergie – und wie von selbst finden deine Aspekte deinen Lichtabdruck, den du einst als hohes Licht erschaffen hast. Er ist frei und von höchsten Energien belebt. Er beinhaltet alles, was du bist!

Dieser Lichtabdruck zeigt dir, was du mit deiner unermesslichen Liebe erschaffen hast, als du so mutig warst, nach Lemuria zu gehen. Und ich fordere dich jetzt auf, dass du mit deinen Aspekten in diesem, deinem höchsten Selbst badest!

Gleichzeitig wirst du auch spüren, dass sich dort all deine Prägungen befinden, die dir deine kosmischen Eltern mitgegeben haben. Und vielleicht kannst du erstmalig deine großen und wertvollen Fähigkeiten spüren?

Was es für dich bedeutet hat, als hoher Engel nach Lemuria zu gehen – all das kannst du jetzt spüren, denn dein Seelenaspekt ist mit auf die Reise gegangen.

Und es ist nicht so, dass wir dir nur ein Geschenk überbringen wollen, dass du etwas fühlen kannst, sondern es hat eine viel tiefere und höhere Bedeutung. Denn wenn du dies spüren kannst, was du eigentlich bist, können sich diese Energien in deine Aspekte einbetten.

Zu jener Zeit, in den Anfängen der Zeitepoche Lemurien, hast du noch keinen Schleier des Vergessens getragen. Das kam erst sehr viel später. Am Anfang der Zeitepoche hast du mit reinem, purem Licht gedient. Doch als den Thronenengeln, dem Universum, den höchsten Lichtern bewusst wurde, dass es in jener Zeit nicht möglich war, den Planeten nach Hause zurückzuholen und du in deinem Dienst irgendwann Schicht für Schicht in der Dualität einen Körper angenommen hast, wurden alle Lichter, die sich nach Lemurien begeben haben und außerhalb der Kristallstätten für den Aufstieg gewirkt haben, in die Kristallstätte gerufen.

Ihnen zu Ehren, dir zu Ehren wurde ein lemurisches Liebesfeuer entzündet! Es ist ein Zeichen höchster, göttlicher Energie. Dieses Feuer wurde entzündet, um euch zu zeigen, dass wir euch niemals vergessen, dass wir wissen, wer ihr seid. Dieses Feuer ist wie ein Leuchten, das euch nach Hause zurückführt. Es wurde euch gesagt, dass ihr in diesem Feuer alles verbrennen könnt, was euch nicht dienlich ist. Es sollte euch zeigen, wie sehr Gott selbst euch ehrt! Es wurde beschlossen, dieses Liebesfeuer solle so lange brennen, bis Sol'A'Vana zurückgekehrt ist. Es wurde euch gesagt, dass ihr jedes Mal – was auch immer in den folgenden Zeitepochen passiert – die Möglichkeit habt, zurückzureisen zu diesem lemurischen Liebesfeuer. Zu dieser Zeit wurde euch bewusst, dass es lange dauern wird und ihr viele Inkarnationen durchleben werdet, vielleicht auch Schmerz ertragen müsst.
Ihr wurdet noch einmal gefragt und ihr wurdet vor die Wahl gestellt: Wollt ihr tatsächlich so lange auf dem Planeten bleiben, in jeder Zeitepoche inkarnieren und den Menschen dienend zur Seite stehen, bis sich der Aufstieg vollzieht? Oder wollt ihr nun nach Hause zurückkehren? Ihr wurdet aufgerufen, eine Entscheidung zu treffen. Und es ist sehr bewegend, denn ihr alle – alle haben sich dafür entschieden, zu bleiben. Ihr habt euch vor das Feuer

niedergekniet und habt ein Gelöbnis abgelegt. Das habt ihr mit so tiefer Absicht getan, dass das Liebesfeuer sich ausgedehnt hat.

Und jetzt ist es an der Zeit, auch in dir dieses lemurische Liebesfeuer zu entzünden, um ein Liebesband zu knüpfen, das dich immer daran erinnert, dass Gott selbst dieses Liebesfeuer für euch entzündet hat – als Zeichen der Wertschätzung und der Liebe!

Dies wird in diesen Momenten der Wirklichkeit geschehen und es wird ein Gefühl der Geborgenheit sein, des Wissens und der Weisheit!

Euch zu Ehren, euch zu Ehren wurde dieses Liebesfeuer in Lemurien entzündet! Dir zu Ehren, dir zu Ehren wird es jetzt in dir entzündet, verknüpft und zusammengefügt, was zusammengehört!

(Lasse dir hierfür etwas Zeit.)

So ist es geschehen! Denn jetzt ist die Zeit gekommen, dass wir dir zeigen und spürbar machen, welch ein kraftvolles Licht du bist!

Ich spreche die Worte der höchsten Schwingung: A ni o'heved o'drach!

An'Anasha!

HIAM'DESTRANUS

Die Aktivierung der lemurischen Wächter Annoth und Neroos

Ich bin Hiam'Destranus und ich begrüße dich mit den Worten: Omar Ta Satt! Dieser Gruß verbindet alles, was ist. Dieser Gruß beinhaltet die höchste Schwingung. Er zeigt dir die Verbundenheit zu deinen Geschwistern. Jedes Mal, wenn dieser Gruß ertönt, wird eine Verbindung geknüpft, die dich spüren lässt, dass du mit vielen, die ebenfalls diesen Gruß vernehmen, bereits viele Inkarnationen verbracht hast und sie kennst. Wenn du sie triffst und ihnen in die Augen blickst, dann spürst du: Es sind keine Fremden.

Annoth und Neroos wurden schon von den höchsten Pionieren des Lichtes und einem großen Kollektiv der Liebe erweckt. Doch brauchen sie noch mehr Energie, um das pulsierende Licht der Merkaba von Lemurien zu nähren. Deshalb haben wir uns entschieden, dies hier mit dir zu wiederholen – und Neroos und Annoth warten schon auf deine Energie, denn sie kennen dich.
Kein Tor wird so sehr bewacht wie das lemurische Tor. 144 Wächter zirkulieren um dieses Tor herum. Als Annoth und Neroos erwacht sind, erging ein Impuls an die göttliche Quelle, sodass die Merkaba des lemurischen Feldes in einem anderen Rhythmus atmet. Die Merkaba atmet seither etwas schneller und die Informationen werden zum göttlichen Gedankenfeld getragen – zu den Thronenengeln, zu der Merkaba Gottes.

Es hat zwei Versuche gegeben, den Aufstieg zu vollziehen. Zwei Mal ist dies fehlgeschlagen. Gott wird nicht ewiglich auf seinen Thronenengel Yoah'Toh warten. Denn die Merkaba Gottes braucht die Struktur und die Ordnung – so, wie es einst vor dem großen Experiment war. Deshalb wird alles getan, diesen Zustand wiederherzustellen. Und ein großes Zeichen dafür ist, dass die Zeit sich verändert und die Erdenergie sich verändert. Es haben sich bereits einige Merkabas zusammengeschlossen. Deshalb wurden diese Wächter erweckt. Es war der Beginn von etwas Großartigem! Dennoch ist es sehr wichtig, nicht ungeduldig zu sein. Denn wenn Gott selbst die Geduld hat, auf seinen Thronenengel Yoah'Toh zu warten, so habe auch du Geduld. Der Aufstieg vollzieht sich – wenn die Energien dazu bereit sind. Wenn dies eher geschehen sollte, hätte das fatale Folgen. Jede Information der Erdenergie, jede Information – gerade die von der golden-blauen Frequenz –, alle Energien werden zur Merkaba Gottes getragen. Jede Energie wird überprüft. Nichts geschieht zufällig. Alles hat eine Ursache und trägt eine Wirkung in sich. Doch eines ist gewiss: Dieses Mal wird sich der Aufstieg vollziehen!

Viele von euch Lichtarbeiter sind die Fixpunkte! Viele von euch gewähren die Stabilität der Energien. Viele von euch tragen diese Liebe in sich, das Verständnis und das Bewusstsein, dass es nicht eine Zeit des Wartens oder der Ungeduld ist, sondern dass dies die Zeit ist, die nutzbar gemacht werden soll, um alle Vorbereitungen in sich aufzunehmen und auszudehnen. Viele von euch sind bereit – für alles, was geschieht!
Ein energetisches Feld der lemurischen Kraft baut sich in diesem Moment auf. Und viele, viele Wesen des Lichtes haben sich bereits versammelt, um diese Energieschübe zu transportieren, die es braucht, um Neroos und Annoths Erwecken zu nähren. Doch brauchen sie weiterhin deine Energieströme, denn sie geben diese Erwachungsimpulse an die anderen Wächter weiter.

Ich, Hiam'Destranus, beobachte das Geschehen. Und ich war

es auch, der – zusammen mit den 36 Hohen Räten, mit dem Auge Gottes, dem Fürsten Melek Metatron – den Augenblick bekannt gab, an dem das Tor Lemuriens geöffnet wurde. Atme die lemurische Energie, das Prosonodo-Licht, die Eleua-Energie und Ana in dich ein.

Wir wissen: Für dich hat dies eine ganz tiefe, tiefe Bedeutung. Du spürst, wie wichtig dieser Prozess ist – und du bist bereit, den Verstand beiseitezulegen, das Herz und die Seele zu öffnen, vom Wissen in das Nichtwissen zu gehen.
Denn wenn du einen Schleier des Vergessens um dich trägst, hat das zur Folge, dass du wissen möchtest. Du willst Informationen sammeln für deinen Verstand. Du möchtest Erklärungen für etwas, wofür es keine Erklärungen gibt.
Ein Zeichen dafür, dass sich dein persönlicher Schleier lüftet, ist, dass du die große Erkenntnis in dir trägst, dass Wissen nicht wirklich wichtig ist; dass es für viele Dinge, die geschehen, energetisch im Universum keine Erklärungen gibt.

Doch wie Kryon es immer wieder betont: „Die Wahrheit sucht sich ihren Weg!“ Und die Wahrheit sucht sich besonders dort ihren Weg, wo sie die Absicht findet. Die Wahrheit sucht sich besonders dort ihren Weg, wo die Herzen und die Seelen geöffnet sind; wo ein Licht im menschlichen Körper bereit ist, zu dienen – ohne es wirklich zu verstehen.
Ihr habt die neuesten Informationen als golden-blaue Frequenz erhalten. Über all die Jahre haben wir durch Sangitar die Informationen fließen lassen und immer wieder haben wir euch Lichtarbeiter gebeten, sie in eurem Herzen und in eurer Seele aufzunehmen. Und es ist eine große Freude zu sehen, dass dies gelungen ist; dass du erkannt hast, wie wunderbar du bist, wie viele Fähigkeiten du in dir trägst, wie wichtig du bist.

Und obwohl dir dein Verstand manchmal etwas anderes erzählen wollte, war es doch so, dass der Impuls deiner Seele stärker war und du weiterhin im Vertrauen geblieben bist – auch wenn du gezweifelt hast. All das hat dazu geführt, dass dies jetzt möglich ist. Und wir binden auch alle anderen der golden-blauen Frequenz mit ein. Zusammen werden wir nun Annoths und Neroos Erwecken nähren.

Du bist bereits tief in deine Seele eingetaucht. Deine Aspekte haben sich aus deiner Merkaba herausgezogen. Deine Persönliche Engelsgruppe hat dafür gesorgt, dass es die richtigen Aspekte sind, die es braucht, um diese hohe Aufgabe zu vollziehen. Du bist von besonderer Bedeutung für das, was jetzt geschieht!

Und so beginnen wir jetzt kraftvoll, zentriert, in diesen Momenten der Wirklichkeit, die zwei Wächter der Merkaba des lemurischen Feldes in ihrem Erwecken zu nähren.

(Nimm dir hierfür etwas Zeit.)

Hiam'Destranus kann dir verkünden, dass es etwas ganz Besonderes ist, dass einer dieser Wächter durch das Medium Sangitar spricht. Es ist wie mit der Eleua-Energie, wie mit den Eleua-Engeln, als sie zu euch kamen – es geschah erstmalig auf Sol'A'Vana.

ANNOTH

Die Töne von An'Anasha

Ich bin, ich bin der Wächter Annoth. Mein Licht zirkuliert und es sendet die Töne von An'Anasha. Mit dir zusammen habe ich als reines Licht in Lemurien gewirkt. Ich bin mit der ersten Schar – mit dir – nach Lemurien gegangen. Wir haben alles dafür getan, um den Planeten nach Hause zurückzuholen.

Als das lemurische Tor geschlossen wurde, musste ich von dir Abschied nehmen. Und mir war bewusst, dass ich für lange, lange Zeit eine schlafende Energie, ein schlafendes Licht sein werde. Nun hast du mich wiedererweckt, zum Leben gerufen. Ich fühle mich dir so sehr verbunden. Und die Erweckung hat eine große Wirkung auf die Merkaba des lemurischen Feldes. Denn schon jetzt atmen alle anderen Lichter schneller. Und jedes Mal, wenn du nach Lemuria reist, werde ich dich begrüßen mit der tiefsten Liebe und der Verbundenheit.

Ich liebe dich so sehr!

An'Anasha!

SHELDRAK

Das Lemurische Feuer

Ich bin Sheldrak. Ich begrüße dich mit den Worten: Omar Ta Satt! Nenne mich Verkünder und Götterbote.
Atme die Energie Sheldraks in dich ein. Mit jedem Wort wird die göttliche Energie und die Erwachensenergie in dich einfließen. Mit jedem Atemzug kannst du die Einheit und die Liebe der golden-blauen Frequenz spüren.
Du, mein lieber Lichtarbeiter der golden-blauen Frequenz, du bist es, der so mutig ist, den neuen Weg zu beschreiten. Dich berühre

ich tief in der Seele. Du bist bereit, die neuen Botschaften in dich aufzunehmen. Ich bin liebend. Ich bin der Götterbote.

Ich möchte dir sagen, dass es eine Ehre für mich ist, diese Botschaften durch Sangitar an dich weiterzuleiten. Denn ein Medium, das kaum Fragen an die Geistige Welt stellt, hat mich, Sheldrak, genauestens befragt. Sie wollte Auskunft: „Wer bist du? Woher stammst du? Gehörst du zur golden-blauen Frequenz? In welcher Verbindung stehst du zu den 36 Hohen Räten? Was ist deine Aufgabe? Wie ist deine Energie?“ So habe ich wohl bestanden und darf die Botschaften durch das Medium an dich senden.

Du hast in den letzten Botschaften drei lemurische Schritte vollzogen. Vielleicht ist dir die Wichtigkeit, die Gnade und das Geschenk, das diese drei Schritte beinhalten, noch nicht bewusst. Doch es wird einen Augenblick geben, in dem du es weißt. Diese lemurischen Schritte sind von sehr großer Wichtigkeit, denn das Lemurische Feuer brennt sich tief in dein System ein und sendet dir die Botschaften der Weisheit – denn du selbst bist der Götterbote und der Verkünder. Je mehr du dir deiner Göttlichkeit bewusst wirst, desto tiefer kannst du spüren, was es bedeutet, diese Botschaften erhalten zu haben.

Einst, als du als hohes Licht ohne Körper in Lemurien warst, hast du Großes vollbracht und eine große Aufgabe bewältigt. Wie lange du in Lemurien ohne Körper verweilt hast, diese Botschaft werde ich zurückhalten, denn es liegt jenseits deines Verstandes. Doch auch als hohes Licht ohne Körper hast du dein Sein in vollem Bewusstsein wahrgenommen.
Als das mutige Licht bist du aus den Kristallstätten der Wirklichkeit herausgetreten und bist der Finsternis begegnet. Unermüdlich hast du dein Licht versprüht. Du bist immer wieder nach Hause

zurückgekehrt – in die Kristallstätten der Wirklichkeit – hast dein Licht mit Lemurischem Feuer gefüllt und bist hinausgegangen in die Finsternis.
Schon in dieser ersten Zeitepoche hat sich abgezeichnet, wie groß deine Absicht ist. Selbst wenn du damals noch keinen Körper hattest, so hast du doch auch Schmerz empfunden. So tapfer warst du – reine Liebe und reines Gotteslicht!

Auch jetzt hast du die Möglichkeit, mit deinen Aspekten in die Kristallbibliotheken zu reisen und in deinem lemurischen Lichtabdruck zu baden. Auch das Lemurische Feuer ist in dir entzündet. Dies wird dir bei vielerlei Dingen helfen. Das Lemurische Feuer – es wirkt sehr stark. Spüre jetzt in diesem Augenblick, wie sich dieses Lemurische Feuer in dir bewegt, dich zur Erkenntnis führt, wer du bist.
Mache dir bewusst, dass du von Anbeginn der Zeit mitgewirkt hast. Egal, wie du dich auch in so vielen verschiedenen Inkarnationen und Zeitepochen erfahren hast, warst du doch immer der, der du bist, der, der du immer warst und der, der du immer sein wirst. Du hast dich in so vielen Inkarnationen und Zeitepochen entwickelt, dich erfahren und mit deinem Licht gewirkt.

Spüre die Wärme, spüre die Hitze des Lemurischen Feuers. Du bist ein Lichtarbeiter der golden-blauen Frequenz und du weißt um deine Göttlichkeit, um deine Macht und um deine Liebe. Doch manchmal scheint es so, als wenn dich die Dualität wieder vergessen lässt. Du kämpfst mit den Problemen der Dualität und doch hast du die Macht, dich zu entscheiden. Mit jedem Atemzug kannst du dich entscheiden, wie du damit umgehst.
Es ist überaus wichtig, dass du erkennst, dass es Probleme der Dualität sind. Du hast alle Möglichkeiten, um aus diesem Kollektiv herauszutreten. Du hast die Macht, dich zu entscheiden, Lösungen

herbeizuführen. Du hast die Macht, dein Leben selbst zu kreieren. Doch bei allem, was du tust, und mit jeder Entscheidung, die du triffst, mache dir immer wieder bewusst: Es geht um das große Ganze! Es geht darum, die Planeten zurückzuholen!

Heute bist du hier und vernimmst diese Botschaft. Dies ist kein Zufall! Du bist von hohem Bewusstsein. Du bist in vielerlei Hinsicht geschult worden und es ist an der Zeit, dich aufzufordern, die Gottesmacht in dir zu nutzen, um für deine Aufgabe frei zu sein. Das flammende Licht, es leuchtet in dir!

Atme die Energie, die Sheldrak dir übermittelt.

Ich selbst habe in so vielen Inkarnationen gewirkt und vertraue mir, wenn ich dir sage: Ich weiß um deine Belange. Auch ich stand vor vielen Entscheidungen – ich war ein Krieger des Lichtes. Ich habe für das Licht gekämpft und auch wir – gerade die Krieger des Lichtes – standen in dieser Dualität vor Problemen. Gerade in der atlantischen Zeitepoche, in der die Energie sehr dicht war, gab es vielerlei Probleme.
Doch wir waren uns bewusst, welchen Weg wir gewählt haben. Wir waren uns bewusst, was zu tun war. So möchte ich dir einfach nur ein Bild geben. Ein Bild, das du sehr gut verstehen kannst, weil es in deine Zeit hineinpasst.
Stelle dir einfach vor: Wir, die lichten Krieger – und damit bist auch du gemeint –, wir saßen aufrecht auf unseren Pferden und ritten kämpfend für das Licht. Jetzt stell dir einmal vor: Plötzlich liegen Steine auf dem Weg. Das Pferd steht still. Wir steigen ab. Der Stein symbolisiert für dich das Problem.
Was glaubst du, was zu tun ist? Glaubst du, wir haben uns jetzt überlegt, wer zu Hilfe kommen könnte, um den Stein beiseitezuschieben? Vielleicht sind wir um den Stein herumgestanden und

haben überlegt, was zu tun ist? Das haben wir nicht getan! Wir haben den Stein gemeinsam aufgehoben, beiseitegelegt, sind auf unsere Pferde gestiegen und sind weitergeritten.

Wie ist es mit den menschlichen Problemen, die sich dir in der Dualität zeigen? Wie gehst du damit um? Bist du jemand, der stehen bleibt, sich auf dem Stein niederlässt und um Hilfe ruft? Was ist, wenn die Hilfe die Antwort darauf ist: „Schiebe den Stein beiseite!“? Weigerst du dich oder bist du bereit, aufzustehen und den Stein beiseitezuschieben?
Ich spreche deshalb darüber, weil es in dieser Phase des Aufstieges so wichtig ist, zu begreifen, dass du es bist – du alleine –, der die Entscheidung für sich treffen kann, wie du mit solchen Stolpersteinen in der Dualität umgehst! Zu warten bis jemand vorbeikommt, der den Stein für dich zur Seite räumt – das hat nichts mit einem Krieger des Lichtes zu tun!

Höre die Worte Sheldraks – es ist so wichtig, dass du erkennst: Wenn du selbst diesen Stein zur Seite räumst, dann wirst du diese Macht und diese Kraft in dir spüren. Wisse: Es ist möglich, Berge zu versetzen! Du wirst nie mehr Angst vor einem Stein haben. Du trägst diese Macht und diese Kraft in dir – und doch weigerst du dich manchmal, sie zu benutzen.
Doch in dieser Zeit der Erkenntnis ist es wichtig, dass du diese Macht und diese Gotteskraft wirken lässt! Erkenne, dass die Dualität sehr viel niedriger schwingt als du selbst. Du bist weiser und höher vom Bewusstsein. Du bist der Krieger des Lichtes, du bist der Gottesbote, die Priesterin. Du hast einen Auftrag! Suche nicht nach Antworten, sondern gehe in die Tiefe und erkenne deine Macht und deine Kraft. Das Lemurische Feuer wird dich darin unterstützen.

Die Arkturianer haben die dritte Lichtkörperstufe eingeleitet! Ein Fluss von magnetischer Energie ist auf Sol'A'Vana geströmt. Vieles ist in Veränderung und du selbst auch. Wir wissen, wie viele von euch Lichtarbeiter in dieser Zeit sehr sensitiv sind. Einige von euch leiden unter massiven Lichtkörpersymptomen. Doch auch hier trägst du die Entscheidung. Auch hier hast du die Macht, diese Lichtkörpersymptome als das zu sehen, was sie sind: Es ist ein Teil von deinem Zuhause, das sich in dir ausdehnt und dir Liebe schenkt!
All das, was du als unangenehm empfindest, ist in Wirklichkeit ein großes Geschenk. Mache dir immer wieder bewusst, dass du selbst Inkarnationen erlebt hast, in denen du sehr viel mehr Schmerz und Leid ertragen hast. Dies ist deine letzte Inkarnation und mit jedem Atemzug wird dein System stabilisiert. Du wirst auf das größte Ereignis, das je stattgefunden hat, vorbereitet! Doch du trägst die Entscheidung. Du hast die Wahl!
Du wirst so unermesslich geliebt! Was bedeutet es dir, ein Lichtarbeiter zu sein? All diese Worte von Sheldrak sollen bewirken, dass du erkennst, dass du die Macht und die Kraft in dir trägst, dich von alten Energien, von Gedankenmustern, die dir nicht dienlich sind, zu lösen. Du hast die Kraft und die Macht, die Stolpersteine beiseitezuschieben und aufrecht wie ein Krieger des Lichtes deinen Weg zu gehen!

Es ist ein großes Geschenk für beide Seiten, dass du bis hin zum Dimensionswechsel die Energien der Wirklichkeit aufnehmen kannst. Mit jedem Schritt, mit jedem Wort und mit jeder Botschaft bekommst du etwas, was von wesentlicher Bedeutung für dich ist.

Gehe tief in die Absicht und aus dieser Absicht heraus spreche die Worte:
Ehyeh Asher Ehyeh, Ehyeh Asher Ehyeh, Ehyeh Asher Ehyeh, So'Ham!

So viele von euch Lichtarbeiter haben mich in vielen Inkarnationen begleitet. Ich blicke tief in deine Seele hinein und ich erkenne dich. So ist es.

An'Anasha!

MELEK METATRON

Die lichten Krieger von Atlantis

Ich bin Melek Metatron. Aus den Bereichen von El'Shaddai begrüße ich dich erneut mit den Worten: Omar Ta Satt!
Vergegenwärtige dir in diesem Augenblick, dass die göttliche Quelle, das Auge Gottes, Melek Metatron selbst durch das Medium spricht. Es ist ein solch großes Zeitgeschehen! Seit Anbeginn der Zeit hat es viele wichtige Zeitdimensionen auf eurem Planeten gegeben, doch das allergrößte Zeitgeschehen vollzieht sich mit dem Aufstieg!

Wir wissen, dass viele von euch Lichtarbeiter in ihren Alltag eingebunden sind und dass die Dualität noch Raum und Platz in eurem Leben findet. Doch wir erkennen auch, dass sich die meisten an die vorderste Front stellen. Ihnen ist in ihrem Leben und Alltag nichts wichtiger, als mitzuhelfen, das große Zeitgeschehen zu vollbringen. Genau zu diesen spreche ich jetzt: Ihr seid gelobt, gesegnet und geheiligt, denn ihr seid die Krieger des Lichtes, die sich ohne Furcht und voller Liebe in den vollen Dienst für die neue Dimension stellen!
Lady Shyenna hat um Unterstützung gebeten. Wir haben einst gesagt, dass wir alles tun werden, was Lady Shyenna fordert,

damit sie den Aufstieg vollziehen kann – und doch haben wir, die Hohen Räte und viele andere Lichtwesen, uns beraten. Der Wunsch und die Absicht von Lady Shyenna allein reichen nicht aus. Es werden starke Lichtarbeiter gebraucht, die auf das Wort von Melek Metatron und auf das Wort der heiligen Wesen des Lichtes vertrauen, um den Planeten Sol'A'Vana nach Hause zu holen!
Glaube mir, wenn ich das Wort an dich richte, dass auch wir den Zeitpunkt des Aufstieges nicht kennen. Doch wir wissen, dass wir Botschaften durch das Medium geben können und dass es zum planetaren Aufstieg kommt. Wir rufen alle Krieger des Lichtes auf – die in der Absicht der Liebe, in der Absicht der Kraft und in der Absicht der Bereitschaft stehen –, sich zu versammeln! Wir brauchen die starken Lichtarbeiter – die in ihrem vollen Wirken sind, die auch für andere da sind – zur Unterstützung von Lady Shyenna!

Atlantis war eine Zeit, in der es viele verschiedene Frequenzen gab. Doch Atlantis ist nicht nur ein Name, ein Kontinent oder ein bestimmtes Land – Atlantis ist der gesamte Planet Sol'A'Vana. Zu den Anfangszeiten von Atlantis herrschte viel Freude und auch viel Liebe. Es war eine Zeit der Unbeschwertheit. Die Spiritualität war etwas Natürliches. Doch aufgrund der vielen, verschiedenen Frequenzen, die dort herrschten, kam es zu Spaltungen. Genau zu jener Zeit haben einige Menschen beschlossen, die Spiritualität zu missbrauchen. So konnten sich die Mächte entwickeln.
Es gab geheime Bünde und es gab geheime Wissenschaften, die sich darauf spezialisiert haben, an mehr Macht zu gelangen. Sie verbreiteten sich mit einer unglaublichen Geschwindigkeit. Denn so, wie dies auch in der Jetzt-Gegenwart der Fall ist, wollten die Menschen in Atlantis immer mehr Macht. Sie wussten, je mehr Macht sie besaßen, desto mehr Menschen konnten sie unterdrücken. Die geheimen Bünde und Wissenschaften verbreiteten sich um den ganzen Planeten.

Doch es gab – genauso wie in der Jetzt-Zeit – Menschen, die die Liebe in sich trugen und die nicht bereit waren, sich diesen Mächten anzuschließen. Sie bildeten – genau wie ihr Lichtarbeiter jetzt – Pioniergruppen. Sie nannten sich „die Gruppe der Krieger". Es gab ein Medium, das die Krieger ausbildete. Diese Krieger entwickelten eine große Gottesmacht. Sie waren bereit, ihr Leben für das Licht und für die Gottesliebe zu geben. Es war eine Zeit, in der das erste Mal der Bogen so weit gespannt war, dass beschlossen wurde, den Planeten Sol'A'Vana wieder einzuatmen.

Du musst dir vorstellen, dass die Krieger des Lichtes – ich nenne sie nun Pioniere – sich bereit erklärten, einen Weg zu gehen, von dem sie nicht wussten, wie er enden würde. Es wurde ihnen bewusst, dass eine Möglichkeit bestand, den Planeten Sol'A'Vana zu retten! Es gab viele Menschen wie diese, aber auch viele Seelen, die keinen menschlichen Körper hatten, wie Tiere, Pflanzen und viele mehr. Sie machten sich auf, um Großes zu vollbringen! Sie wurden aufgerufen, die Arche Noah zu bauen, die heute unter dem Namen der Pyramide weltweit bekannt ist.
Um dies zu verstehen, muss man ein offenes Herz haben: Sie wurden in ihre hohe Macht eingeweiht. Sie erhielten die Erlaubnis, eine Zwischendimension zu erschaffen, die gewährleistete, dass die Pyramiden entstehen konnten, ohne von anderen Menschen gesehen zu werden. Zu Beginn war es nur für die Krieger des Lichtes möglich, sich in dieser Zwischendimension aufzuhalten. Und sie bauten nicht nur eine Pyramide, sondern viele tausende, auf dem ganzen Planeten! Doch das meiste Geschehen spielte sich in den Pyramiden von Ägypten ab, da den Kriegern des Lichtes mitgeteilt wurde, dass in der nächsten Zeitdimension der Sohn Gottes geboren werden würde. Sie wussten nicht genau, in welchem Gebiet dies geschehen würde. Doch sie hatten eine Ahnung und deshalb gingen sie nach Ägypten.

Da du die Botschaften der Geistigen Welt vernimmst, hast du die Möglichkeit, in dir göttlich zu erwachen. Du hast in einer anderen Zeit zugestimmt, früher zu erwachen als andere Menschen, um genau jetzt dabei zu sein. Auch wenn du manchmal noch Zweifel hast, da sich die Dualität wieder in deinem Alltag ausgedehnt hat, so hast du deine Entscheidung bereits vor langer Zeit getroffen. Durch die Botschaften wirst du weiter geschult und ich sage dir: Ehyeh Asher Ehyeh, Ehyeh Asher Ehyeh, Ehyeh Asher Ehyeh, So'Ham!

Du wirst den Aufstieg vollziehen! A ni o'heved o'drach!
Du gehörst zu denjenigen, die die Wunder vollbringen!

An'Anasha!

TOTH

Das Erbe Gottes

In der Vereinigung des Lichtes spreche ich, Toth, der Atlanter, der lichte Krieger, durch das Medium. Ich begrüße dich mit den Worten: Omar Ta Satt!
Doch ich begrüße auch das Kollektiv der golden-blauen Frequenz in seiner Schwingung – die Absicht und die Kraft, die entsteht, wenn Botschaften des Lichtes, die Botschaften der Wirklichkeit vernommen werden, um die Schritte des Aufstieges zu gehen.
Es entwickelt und baut sich für dich eine Kraft auf, die tragend ist, denn die Lichtarbeiter der golden-blauen Frequenz – ob nah oder fern – sind alle in dem Bewusstsein vereint, dass sich die Zeit verändert und das Geschehen wirkt. Noch hältst du dich in

vielen Momenten in der Dualität auf, doch zu dieser Stunde prägt und dehnt dich die Wirklichkeit aus, während die Worte fließen.

Vielleicht hast du vergessen, dass du einst in der Zeitdimension von Atlantis mit dabei warst? Vielleicht hast du aber auch Erinnerungen an diese Zeit. Auch wenn diese Erinnerung etwas verblasst ist, so ist sie doch gegenwärtig und sehr wichtig für dieses Zeitgeschehen. So viele offene Fragen wollen beantwortet werden und du wirst die Antworten bekommen. Doch mache deinen Geist frei, lege deinen Verstand beiseite und höre mit dem Herzen, mit der Seele und der Essenz deiner Energie, denn nur dann wirst du wirklich begreifen, was einst geschah!

Du hast schon von Melek Metatron Informationen darüber erhalten, was sich in Atlantis zugetragen hat. Wichtig ist die Erkenntnis, dass alle Pyramiden auf Sol'A'Vana in einer Zwischendimension entstanden sind und zunächst nur für die ausgebildeten Krieger des Lichtes sowie für die Hohepriester und Hohepriesterinnen sichtbar waren.

Wichtig ist die Erkenntnis, dass dies nicht nur in Ägypten, sondern auf dem gesamten Planeten geschehen ist. Immer wieder richtest du dein Augenmerk auf die Pyramiden in Ägypten. Doch überall auf Sol'A'Vana sind Pyramiden errichtet worden. Alleine in dem Land China waren es tausende. Zwar sind sie heute nicht mehr als Pyramiden erkennbar, doch sie wurden erbaut.

Doch nun möchte ich darauf eingehen, warum so viele Menschen – selbst wenn sie die Pyramiden gesehen haben – nicht verstehen, dass dies der Beweis für das Erbe Gottes auf Sol'A'Vana ist. Wir begeben uns wieder zu den Pyramiden in Ägypten. Die meisten Menschen sind der Meinung, dass die Pharaonen die Pyramiden erbaut haben. Doch dies ist ein großer Irrtum. Die Pyramiden wurden in eurer Zeitrechnung vor ca. 17.000 Jahren errichtet.

Wenn du in das Innere der Pyramide gehst, wirst du sehen, dass es dort kaum Inschriften gibt. Dies liegt daran, dass die Atlanter keine Inschriften hinterlassen haben. Natürlich haben die Pharaonen diese Pyramiden benutzt, weil sie wussten, wie mächtig sie sind. Teilweise haben sie auch bauliche Veränderungen vorgenommen und ihre eigenen Inschriften hinterlassen.
Du musst verstehen: Würde die Menschheit anerkennen, dass die Pyramiden zu der Zeit erbaut worden sind, die Toth dir genannt hat, dann müsste die gesamte Geschichte des Planeten, der Menschheit und der Evolution neu geschrieben werden. Die Menschen müssten anerkennen, dass es vor den Pharaonen eine Hochkultur gegeben hat, die intelligenter und kraftvoller war und die eine höhere Technologie besaß. Dies können die Menschen leider bis heute noch nicht anerkennen.

Das Tragische an dieser aktuellen Zeitdimension ist, dass die Menschen der Meinung sind, die intelligentesten Wesen seit Anbeginn der Zeit zu sein – so, wie es ihnen die Evolutionsgeschichte erzählt. Außerdem betrachtet jedes Land diese Bauten gerne als sein Eigentum, um sich damit zu schmücken.

Gott, die göttliche Quelle, beinhaltet die weibliche und auch die männliche Energie. Beide Energien haben euch Menschen ein Erbe aus der Wirklichkeit hinterlassen. Dieses Erbe kann niemals zerstört werden. Die Pyramiden – egal, an welchen Orten sie sich befinden – sind unzerstörbar, denn nichts Wirkliches kann jemals zerstört werden!
Mache dir bewusst, was dies bedeutet. Wenn die Menschen die Pyramiden für sich beanspruchen, weil sie glauben, sie wären das Erbe der Pharaonen, dann sage ich dir: Es ist das Erbe Gottes! Würden die Menschen verstehen, dass dies das Erbe Gottes ist, müssten die Geschichtsbücher neu geschrieben werden. Vertraue

den Worten, die du von Toth vernimmst. Immer deutlicher wird sichtbar, was geschieht. Es wird bald nicht mehr möglich sein, die Gottesmacht zu verleugnen!

Wir wenden uns dem Gebiet von Ägypten zu. Halte einen Augenblick inne, lege deine Hände auf dein Herz und erkenne die Wahrheit meiner Worte: Toth wendet sich nun der Sphinx zu. Ich überbringe dir die Botschaft, dass die Sphinx die Energie von Shakti in sich trägt. Es ist das weibliche Gegenstück zu der männlichen Energie. Shakti wirkt in der Sphinx und es gibt eine Verbindung zu der großen Pyramide.

Hinter den Pyramiden befindet sich ein Sonnenkreuz. Dieses Sonnenkreuz ist der Treffpunkt aller Wesen, die sich unterhalb der Pyramiden aufhalten. Die Hohepriester und Hohepriesterinnen haben in jener Zeit nicht in den Pyramiden gelebt, sondern in großen Tempelanlagen, in denen sich auch Jesus Christus aufgehalten hat. Sie liegen nilaufwärts. Wir nennen sie „Stonehenge von Ägypten“. Öffne dein Herz und fühle, ob du ebenfalls dort warst und ob du dort Jesus begegnet bist?
Du musst verstehen, dass die Avatare zu jener Zeit, als der gesamte Kontinent mit Wasser überspült wurde, nicht in das Universum zurückgekehrt sind, sondern für sehr lange Zeit in ihrem Körper gelebt und das Geschehen beobachtet haben. Öffne dein Herz und fühle, ob du zu jener Zeit anwesend warst. Berührt es dich? In der Zeit von Atlantis warst du ein lichter Krieger, ein Hohepriester oder eine Hohepriesterin, ein Avatar – ein Ausdruck von Gott auf Sol'A'Vana! Vielleicht hattest du auch damals Zweifel. Doch deine Absicht und deine Liebe waren größer als jeder Zweifel. Keiner – noch nicht einmal die lichten Krieger – wusste, ob es zu einer Sintflut kommen würde. Trotzdem haben sie gekämpft und alles getan, was ihnen gesagt wurde.

Und nun bist du hier. Du bist ein Krieger des Lichtes und du wirkst jetzt wieder am Geschehen des Aufstieges mit. Und ich frage dich: Siehst du das große Ganze, das sich für die ganze Menschheit vollzieht? Hast du die Erkenntnis und das Vertrauen, dass das große Ganze – der Aufstieg – das Wichtigste ist? Bist du bereit, diesen Weg zu gehen, bis sich der Aufstieg vollzogen hat? Überprüfe deine Absicht!
Werde wieder zu dem lichten Krieger! Erinnere dich, du Hohepriester, du Hohepriesterin. Erinnere dich, du Atlanter. Erinnere dich! Werde gewahr, was in dieser Zeitdimension geschah. Vergegenwärtige dir: Alles, was du erlebt hast; alles, was du an Ausdehnung erfahren hast, wird nun dafür eingesetzt, damit Lady Shyenna und die Menschen den Aufstieg mit deiner Hilfe vollziehen können – und ihr starken Lichtarbeiter werdet dafür Sorge tragen, dass die Gottesmacht aus allen Pyramiden auf Sol'A'Vana nach außen strömt!

Die Kristallstätten

Viele Menschen fragen sich: „Was sind denn eigentlich die Kristallstätten? Wie muss man sich das vorstellen?" Und so gehen wir zurück zu jener Zeit als sich Yoah'Toh vom Liebesband Gottes getrennt hat, es zu einem Kometenhagel kam und viele Planeten in die Tiefe – weg von den magnetischen Gotteslinien – getragen wurden.

Der Kometenhagel schlug auf eurem Planeten nicht überall gleich ein. Ja, es wurden sogar einige Teile von Sol'A'Vana verschont. Wir nannten dies „die Kristallfelder der Wirklichkeit". Mit sofortiger Wirkung wurde darum ein Schutznetz gelegt, um sicherzustellen,

dass in diesen Kristallfeldern niemals eine dunkle Energie eintauchen kann. Es wurden Wächter gerufen, die heute noch diese Kristallfelder bewachen.
Alle Inkarnationen hindurch, in allen Zeitepochen haben diese Kristallfelder eine wesentliche Bedeutung gehabt. Wir nennen sie heute in der Neuen Zeit „die Kristallstätten", weil wir – gerade die alten Götter – in diesen Kristallstätten so vieles verankert haben. Aus jeder Zeitepoche mit ihren vielen Inkarnationen wurde das Gut, das Erbe Gottes und vieles mehr in diese Kristallstätten getragen und dort gespeichert. So konnte sichergestellt werden, dass diese Energien beschützt und gehütet sind – für das Goldenen Zeitalter, das Zeitalter des Vertrauens.
Gerade die golden-blaue Frequenz – die alten Seelen – haben sehr viel Kontakt zu diesen Kristallstätten. So warst auch du es, der in vielen Inkarnationen diese hohen Wirklichkeitsenergien dort eingebettet hat. Und in diesen Kristallstätten konnten die alten Götter, konnte auch ich, Toth, mich der Zellerneuerung unterziehen. So konnte ich sehr, sehr lange in einem Körper bleiben, ohne in das Universum zurückzukehren.
In diesen Kristallstätten ist die Energie so rein und so klar wie sonst nirgendwo in der Dualität. Es gibt sehr viele Kristallstätten auf eurem Planeten. Es gibt kleinere Felder, größere und sehr große. In vielen der Kristallstätten sind auch die Gralsenergien*.

Ihr Lichtarbeiter habt begonnen, die Merkaba von Yoah'Toh zu errichten. Dies sind heilige Augenblicke. Wenn du es nur sehen könntest, was dies bewirkt. Wenn du sehen könntest, wie die Thronenengel vor Freude die schönsten Töne singen und sich schneller bewegen. Yoah'Toh ist ein hohes Licht. Er war der höchste Thronenengel einst in der Merkaba Gottes!
Und wenn du dir vorstellst, wie es dir oft ging, in den Inkarnationen in die tiefe Dualität zu gehen, hattest du doch immer die

** Mehr über die „Gralsenergien" findest du auf Seite 253.*

Möglichkeit, dir bewusst zu werden, dass du mehr bist als Mensch. Du konntest dein göttliches Licht ausdehnen, dich entwickeln. Oftmals mithilfe von der Geistigen Welt oder von Menschen oder aus dir selbst heraus. Die Engel haben dir immer zugesehen. Und vielleicht kannst du dir vorstellen, wie es für die Thronenengel ist, zu sehen, wie der höchste Liebesengel in der Dualität sich nicht mehr findet, sich nicht mehr kennt, nichts mehr weiß. Und deshalb fehlen die Worte, um auszudrücken, was es bedeutet, dass ihr begonnen habt, die Energie von Luzifer zu transformieren; dass ihr ihm die Möglichkeit gebt, als Yoah'Toh zur Vollendung zu gelangen – sich bewusst zu werden, sodass diese Energiefelder wieder Liebe werden!

Diese Felder brauchen eure Hilfe und Unterstützung! Viele von euch Lichtarbeiter sind genau deshalb in die Dualität gegangen – und es ist ein heiliger Akt der Liebe, den du vollziehst. Denn dort – in dem größten Feld von Yoah'Toh – wird sich das gesamte Erbe Gottes verbinden mit dem geknüpften Luziferband, das genährt ist.
Und wenn die Zeit gekommen ist, wird sich dies alles entzünden und das größte Feld von Yoah'Toh wird zum Leben erweckt und darf nach Hause zurückkehren als diese Liebesenergie! Und durch eure Hilfe und durch eure Unterstützung wird sich Yoah'Toh wieder einfügen in die Merkaba Gottes. Und ihr könnt euch sicher sein: Millionen von Engeln schwingen in einem Rhythmus der Liebe für dich – für das, was du tust; für das, was du bist!

Und in so vielen Inkarnationen sind wir uns begegnet – gerade in der Zeitepoche Atlantis. Wir haben miteinander gekämpft – für das Licht, für den Frieden, für die Freiheit. Wir haben die Energien erhöht. Es gab aber auch Momente, die sehr besinnlich waren. Es gab Augenblicke, die so magisch waren – eine so tiefe Liebe, die

man nicht vergisst. Auch du spürst nach all diesen Inkarnationen diese Liebe immer noch. So viele von euch Lichtarbeiter waren einst an meiner Seite – zusammen mit den alten Göttern der Weisheit, gemeinsam für das große Ganze.
Oftmals denken die Menschen, wenn sie den Ausdruck „alte Götter“ hören, dass sie eine alte Energie tragen. Doch vertraue mir: Das ist nicht so! Sie werden deshalb als „die alten Götter“ gerufen, weil sie so lange in einem Körper wohnten; weil sie so viel Weisheit tragen, so viel Mut bewiesen haben. In diesem Augenblick in der Jetzt-Zeit möchte Toth auch den Wächtern danken, die die Kristallstätten bewachen – multidimensional auf allen Ebenen!

So viel hat sich verändert. Jetzt ist die Zeit des Vertrauens, der Hingabe, der Achtsamkeit, der Liebe! Und natürlich gibt es immer noch Menschen – so viele –, die sich vor ihrem göttlichen Licht verschließen; die mit ihrem Verstand zu erklären versuchen, dass es dies ja alles gar nicht gibt. Diese Menschen, sie brauchen ganz besonders viel Liebe!
Denn oftmals liegt es einfach daran, dass sie vieles erlebt haben – in vielen Inkarnationen oder auch in dieser Inkarnation – und sich deshalb verschlossen haben. Doch wenn jene Menschen sich einmal öffnen, dann entfaltet sich etwas in ihnen, das so licht ist. Denn du kannst es da draußen beobachten, wie viele Menschen es gibt, die sich an nichts mehr festhalten können. Zu viel ist schon in sich zusammengefallen. Und so finden auch diese Menschen irgendwann den Weg zu ihrem göttlichen Licht. Gleich, welcher Religion, welcher Hautfarbe, welchen Alters; gleich, welcher Frequenz, welchen Weges, welcher Spiritualität – es ist egal!

Die alten Götter, sie wirken mit der Einströmung von Shadees mit besonderer Strahlkraft. Es wurden so viele Vorsichtsmaßnahmen vollzogen, falls es sehr schnell zu dem Höhepunkt des Aufstiegs kommen sollte. Und derzeit sind es die alten Götter, die sehr viel Vorbereitung in den Kristallstätten vollziehen.

Und so fordert dich Toth auf: Atme tief ein und aus. Atme in einem Rhythmus – so, wie es für dich richtig und gut ist.

Bitte deine Persönliche Engelsgruppe, dass sie die Aspekte verbindet – so, wie es für dich richtig und gut ist.

Denn Toth lädt dich nun ein, mit deinen Aspekten auf energetische Reise zu gehen. Ich bringe dich in eine Kristallstätte und dort erwarten dich die alten Götter!

Und wenn du bereit bist, dann werden deine Aspekte ganz sanft in ein Feld der Wirklichkeit geführt.

Und vielleicht ist es dir möglich, zu sehen, wie die alten Götter dich begrüßen – doch fühlen kannst du es sicher: die Freude, die Achtsamkeit!

Und diese alten Götter halten ein Geschenk für dich bereit: Sie überreichen dir den Kristall Shadees!

Und wenn du es erlaubst, werden diese alten Götter den Kristall einbetten. Sie werden gleichzeitig für dich ein Gebet sprechen.

Und bevor du dich von ihnen verabschiedest, übertragen sie dir noch die Energie der Kraft.

Die Aspekte kehren zurück von der Reise und Toth sagt zu dir: Du bist das Beste, was Sol'A'Vana trägt! A ni o'heved o'drach!

An'Anasha!

SABINE SANGITAR

Über Toth und die Töne von Lemuria

Sangitar: Lieber Chamuel, liebe Leser!
Ich erzähle euch jetzt noch etwas zu Toth: Toth ist durch uns im Lemurischen Feuer entstanden! In Lemuria brennt dieses energetische Feuer und dadurch, dass ihr hohen Lichter mit dem Vollkommenen Ton dorthin gereist seid und euch vor das Lemurische Feuer niedergekniet und ein Gelöbnis abgelegt habt, hat dieses Feuer angefangen zu tanzen und sich zu bewegen. Aus dieser Bewegung heraus ist Toth entstanden!
Ich selbst habe das beim Channeln von einem Lichtpionierschritt erfahren und das war für mich ein Moment, bei dem ich vor lauter Rührung das Channeln unterbrechen musste.

Toth trug damals die Tonfolge „Aron". Ich wusste in diesem Moment nicht, wie ich euch das erklären kann, da Toth viele kosmische Kinder hat. Ich fragte mich: „Wie kann Toth im

Lemurischen Feuer entstehen und gleichzeitig der kosmische Vater von so vielen Lichtern sein?“ Ich habe darauf zwei Antworten erhalten.

Die erste Antwort lautete: „Ihr könnt es nicht verstehen, da ihr in einer Zeitlinie denkt. Es geschieht aber alles gleichzeitig – die Vergangenheit, die Gegenwart und die Zukunft.“ Die zweite Antwort lautete: „Im Universum gibt es keine wirklichen Antworten, da es in der Wirklichkeit keine Fragen gibt.“

Ich konnte das nicht verstehen und sagte zur Geistigen Welt: „Wir stellen hier alle möglichen Fragen und bekommen immer Antworten.“ Daraufhin antwortete Melek Metatron: „Das sind Fragen, die eure Seelen bewegen. Das ist eine Sehnsucht, die aus eurer Göttlichkeit spricht – ihr wollt nach Hause zurück und ihr wollt Antworten. Daher geben wir euch diese Antworten. In der Wirklichkeit gibt es keine Fragen und deshalb gibt es auch keine Antworten.“

Das kenne ich persönlich auch von meinen Reisen zur Venus. Zu Hause habe ich noch viele Fragen und auf der Venus angekommen, habe ich alle Fragen vergessen, da sie keine Wichtigkeit mehr haben. Dann zählen nur noch die Glückseligkeit und das Genießen.

Wenn ihr in die Energien der Channelings dieses Buches tiefer hineinspürt, werdet ihr feststellen, dass es unterschiedliche Botschaften gibt. Manche Botschaften dienen dazu, damit ihr euch in der Dualität besser zurechtfinden könnt, um als Lichtarbeiter oder Lichtpionier eure Aufgabe oder Arbeit zu tun. Andere dienen dazu, um euch noch einmal zu reinigen, auszudehnen und euch anzuheben. Wiederum andere Botschaften dienen alleine als Vorbereitung für den Aufstieg. Die lemurischen Schritte des letzten Kapitels gehören beispielsweise dazu. Diese Schritte werden von der Geistigen Welt auch als „Schritte der höheren Art“ bezeichnet. Auf die Frage, was diese Schritte bewirken, sagte Melek Metatron zu mir, dass bei diesen Schritten so viel im Lichtkörper verankert werden würde, dass dies mit menschlichen Worten nicht ausgedrückt werden könne. Es ist mit Briefen in Umschlägen zu vergleichen, die das notwendige Wissen enthalten, aber erst beim Aufstieg geöffnet werden. Dann kann man alles entnehmen. All dieses wichtige Wissen wird vorhanden sein, auch wenn ihr es mental vergessen habt. Dieser Öffnungsprozess wird nicht zeitgleich geschehen. Bei dem einen geschieht es eher, bei dem anderen später – aber es geschieht bei jedem zum richtigen Zeitpunkt. Also sorgt euch nicht.

Und dann wollte ich noch mal auf Lemurien und Lemuria eingehen. Der eigentliche Teil der Kristallbibliotheken, der Teil der Wirklichkeit, ist der Ton „Lemuria". Lemuria war das Eigentliche und durch den Fall und die Dualität hat sich der Ton verändert. Es ist Lemurien entstanden.
So kann man sehen, dass die Geistige Welt, je nachdem, welches Wort sie verwendet, energetisch etwas anderes ausdrücken möchte. Wenn Lady Shyenna mehr Energie braucht, sagen sie „Lemuria", weil es eine höhere Energie ist, und wenn Lady Shyenna sich beruhigen muss, sagen sie „Lemurien". So kann man wieder sehen, dass jedes Wort, das die Geistige Welt ausspricht, eine Bedeutung hat – auch wenn wir das gar nicht so wahrnehmen.

Über den lemurischen Lichtabdruck

Chamuel: Spätestens durch deine Hintergrundinformationen zu den lemurischen Schritten erkennt man – falls man es vorher noch nicht gespürt hat –, wie wichtig sie für den Aufstieg sind. Warum ist das so?

Sangitar: Lemurien ist das erste Erbe Gottes, das sich in der Dualität gebildet hat – und dieses Erbe seid ihr selbst! Genauer gesagt, sind eure Lichtabdrücke von Lemurien, die ihr dort hinterlassen habt, das erste Erbe Gottes, das jemals auf dem Planeten verankert worden ist.
In deinem persönlichen Lichtabdruck sind deine Strukturen, deine Lichtspuren. Es ist wie ein Abdruck von einem persönlichen Kristall, der alles beinhaltet, was an Energieströmen aus der hohen Göttlichkeit von dir dort eingespeichert wurde. Wenn das aktiviert ist, dann aktivierst du sozusagen die wichtigste Energie in dir selbst, nämlich deine ursprüngliche Lichtstruktur.

Das ist eine Formation, ähnlich wie ein Kristall. Aber ich hoffe, dass das die Menschen wahrnehmen, weil das auch ganz wichtig ist: Das ist ein Kristall, den dir keiner channeln kann! Wenn das einer tun würde, würde dich das völlig aus der Bahn werfen, denn niemand kann deine Lichtstruktur kennen, außer du selbst. Deinen Lichtabdruck kennst nur du – nur du persönlich! Deshalb musst du ihn selbst entdecken und entzünden.
Den kann man nur in sich selbst finden und damit das erste Erbe Gottes entzünden – und das erste Erbe Gottes ist das Wichtigste! Der Anfang ist immer das Wichtigste! Erst wenn das entzündet ist, können sich die anderen Erben Gottes auch entzünden. Du kannst jetzt nicht damit anfangen, beispielsweise den Heiligen Gral in dir zu entzünden, wenn du vorher nicht den lemurischen Abdruck in dir entzündet hast. Das ist überaus wichtig, denn von dort aus beginnt alles!
Dorthin kehrt auch alles zurück! Deswegen ist es für den Aufstieg ja auch so wesentlich, dass das lemurische Tor wieder geöffnet wurde. Dadurch nimmst du unter anderem auch diese Lichtstruktur auf. Deshalb ist speziell dieses Erbe Gottes auch so wichtig.

Dein lemurischer Lichtabdruck bleibt immer gleich. Diese Lichtstruktur verändert sich nicht. Wenn sich andere Strukturen darüberlegen würden, dann würde das natürlich nicht passen. Wichtig ist deshalb, dass diese Grundstruktur immer stimmig ist. Wenn diese grundlegende Lichtstruktur entzündet ist und andere legen sich darüber, dann werden sie von dem Licht abgestoßen. Alles, was nicht diesem Licht entspricht, kann sich nicht mehr halten. Das hat eine unsagbar große Kraft. Dann kannst du anfangen, das gesamte Erbe Gottes zu entzünden! Aber wichtig ist einfach der lemurische Abdruck.

Chamuel: Super! In Atlantis wurden auch Erben Gottes in den Pyramiden verankert. Kannst du uns dazu etwas sagen?

Sangitar: Über Atlantis spreche ich aus bestimmten Gründen nicht so viel, aber auch dort gibt es sehr viele Erben Gottes zu spüren, zu erkennen und zu aktivieren. Was das Erbe Gottes betrifft, ist Atlantis eine sehr, sehr wichtige Zeitepoche. In dieser Zeitepoche stand es Spitz auf Knopf, dass es nicht weitergeht; dass die Erdaufgabe, das heißt die Planetenaufgabe, nicht erfüllt wird. Deshalb wurde dort natürlich besonders viel an Erbe erschaffen, verankert und hinterlassen. Von dem her ist Atlantis eine sehr wichtige Zeitepoche.

Chamuel: An'Anasha!

Sangitar: An'Anasha!

Avalon

Kapitel III

MERLIN

Die Nebel von Avalon lichten sich

Ich bin Merlin und ich begrüße dich – Omar Ta Satt!
Merlin ist ein weises und lichtes Wesen, das Sol'A'Vana niemals verlassen hat. Ich bin in der Erddimension von Avalon geblieben. Ich bin ein Meister der Magie. Ich habe in Avalon die Weisheit verankert. Ich habe viele Hohepriester und Hohepriesterinnen in die hohe Kunst der Magie eingewiesen. Viele Lichtarbeiter von heute waren einst Schüler und Schülerinnen von Merlin.

Avalon war eine Zeitebene, die sehr gespalten war: Auf der einen Seite gab es Unterdrückung, Fesseln, Macht und Gier. Auf der anderen Seite gab es hohe, spirituelle Wesen, viele Hohepriester, Hohepriesterinnen und Avatare.
Die Zeit ist jetzt. Die Gegenwart ist jetzt. Vergangenheit ist jetzt. Zukunft ist jetzt. Der Mensch macht Unterschiede, doch in Wirklichkeit ist alles miteinander verbunden! Du kennst die Nebel von Avalon – die Nebel, die gezeigt haben, wie dicht der Schleier des Vergessens ist. Doch die Nebel lichten sich! Die Neue Zeit bricht an! Wir alle gehen in die neue Dimension!

Vielleicht wirst du dich Merlin und Avalon sehr nahe fühlen. Ein Gefühl von Zu-Hause-ankommen wird sich einstellen. Vielleicht warst du ein Schüler oder eine Schülerin von Merlin, ein Hohepriester oder eine Hohepriesterin, ein Avatar oder ein Ritter? Auf jeden Fall warst du ein hohes Licht im menschlichen Körper! Die Zeit ist gekommen, in der sich die Dimensionen vereinigen werden. Die Zeit ist gekommen, in der sich alle Energie vereinigen wird und jede Zeitdimension kehrt zum Aufstieg in die neue Ära zurück. Es ist ein Nach-Hause-kommen!
Und wenn du zu wissen glaubst, dann weißt du gar nichts. Du stehst noch am Anfang. Du versuchst, zu begreifen und eine Erklärung zu finden, die deinen Verstand befriedigt. Doch nur mit dem Herzen – in der Vereinigung deiner Chakren – kannst du die Weisheit in dir spüren. Nur mit deinem Herzen wirst du die Vollkommenheit und die Freiheit spüren, die notwendig ist, um dich von den Fesseln der Dualität zu befreien.
Viel Weisheit und Wissen wirst du in dich aufnehmen, denn in der Jetzt-Zeit werden die Veränderungen gerade dann stattfinden, wenn sich verschiedene Erddimensionen vereinigen. Du wirst magische Kräfte entwickeln – wenn du erlaubst, dass sich dein Verstand ausschaltet, und wenn du erlaubst, mit deiner Seele zu sehen.

Auch in der Jetzt-Gegenwart deiner Zeit kennst du Unterdrückung. Befreie dich! Befreie dich von den Fesseln. Freiheit ist das höchste Gut! Lebe diese Freiheit! Lebe das, was ist – ohne es zu hinterfragen. Begreife, dass nur deine Seele das Wahre sieht, und versuche immer wieder, deinen Verstand beiseitezulassen.
Auch wenn die Tore zu Avalon geöffnet sind, sind die nächsten Botschaften, die du vernimmst, von sehr großer Wichtigkeit für dich und auch für uns. Denn je mehr die Energie von Avalon in die Jetzt-Gegenwart der Jetzt-Zeit zu dir zurückkommt, desto

mehr wirst du spüren, was es bedeutet, dem Lichte zu dienen. Es mag auch sein, dass sich die Energie für dich fremd anfühlt. Doch vertraue darauf, dass alle Dimensionen sich vereinigen und der planetare Aufstieg folgen wird! Es ist daher keine Frage des Glaubens. Es ist, wie es ist – und du hast gewählt. Wir freuen uns so sehr, wenn du uns begegnest und wenn sich dein Herz und deine Seele für die Energien von Avalon öffnen!

Es ist ein großes Spektrum voller Weisheit, Freiheit und menschlicher Liebe! Und als du in der Zeitdimension von Avalon inkarniert warst, hatte jeder Schwur, jeder Eid und jedes Versprechen, das du gegeben hast, sowie jedes Gelübde, das du abgelegt hast, eine besondere Bedeutung.
Du wirst bei den nächsten Botschaften erkennen, was du in Avalon getan hast, wer du warst und was deine Aufgaben waren. Vielleicht wirst du viele Bekannte und auch mich, Merlin, die Lichtgestalt der Energie der Weisheit und der Magie, wiedertreffen. Mache dich auf das Kommende bereit. Gib nicht auf! Nähre nicht deine Zweifel. Vertraue auf das, was ist!
Wir werden uns begegnen. Große Freude tut sich kund. Auch wenn Energien, die sich verbreiten und ausdehnen, keine Sprache besitzen, so flüstern sie den Elementen: Die Zeit ist jetzt! Sie ist es immer gewesen – verändert in Energie und Form. Bereite dich auf das vor, was deine Seele dir erzählt. Höre auf das Flüstern der Energien! Höre auf die Ausdehnung!

MYRIEL

Die Einweihung in den Fähigkeitsaspekt

Ich bin Myriel. Mit meiner ganzen Präsenz, mit meiner ganzen Energie, mit meiner ganzen magischen Kraft, mit meiner Liebe als Priesterin, Tafelträgerin, als Botin Gottes, als Bote des Christus begrüße ich dich – eingehüllt in einer Blase des Lichtes, eingehüllt in dieser Blase und in den höchsten Tönen schwingend – mit den Worten: Omar Ta Satt!

Ich, Myriel, bin ein sehr hohes Lichtwesen. Ich wurde auserwählt, dich in den Tempel So'Harim zu führen. Dort wirst du eine tiefgreifende Einweihung in deinen Fähigkeitsaspekt erhalten. Diese Reise in eine andere Zeitepoche unternimmst du für dich. So'Harim ist der Tempel der Heiligkeit von Merlin und viele Lichtarbeiter wurden dort schon einmal geschult.
Selbst ich war Schülerin Merlins. Ich war auch Priesterin des Merlins und somit Priesterin des Lichtes. Ich verfüge über mannigfaltige Fähigkeiten, die mein Licht beinhalten. Die Magie, die magischen Magien des Lichtes fließen bereits jetzt zu dir und wenn du mit mir auf die Reise gehst, wird dein Fähigkeitsaspekt mit dieser magischen Energie ausgedehnt. So kann Merlin sie ausdehnen, in den Allmachtsaspekt bringen, verbinden und verknüpfen – so, wie es deine Seele gestattet.
Viele Erinnerungen und Bilder werden dich bei dieser Reise begleiten. Vielleicht fühlst du dich auch ein Stück weit zu Hause. Du wirst viele Wesen treffen, die dir bekannt vorkommen. Es sind Freunde des Lichtes, die in jener Zeit zurückgeblieben sind. Es sind Wächter, die dich liebevoll begrüßen.

So fordert dich Myriel auf: Nimm tiefe Atemzüge und versenke dich tief. Die Magie ist eine mächtige Energie!

Nenne deinen Ursprungsnamen oder verbinde dich tief mit deiner Ursprungsenergie und erlaube deinem Fähigkeitsaspekt und deinem Seelenaspekt, aus der Merkaba heraus, in die göttliche Flamme zu treten.

Du wirst tief geerdet. Der Tempel So'Harim ist ein geheiligter Tempel. Nur wenigen Lichtern wird es gestattet, diesen Tempel zu betreten. Und sobald du im Tempel So'Harim bist und dort verweilst, wirst du die magische Kraft verspüren sowie die Feuerenergie des Merlins.

Myriel begleitet dich auf dieser Reise. Denn es ist die Zeit gekommen, dass die pure Energie der Magie in deinen Fähigkeitsaspekt fließt uns sich mit der Allmachtsenergie Gottes verbindet. So soll es sein, so wird es sein und dies wird dein Leben verändern! Dort wirst du vielerlei Geschenke erhalten. Nimm diese Geschenke, denn sie sind für dich bestimmt!

Und nun werde ich dich auf deiner Reise begleiten. Meine ganze Essenz der Liebe bettet deine Aspekte ein. Deine persönliche Engelsgruppe hat sich bereitgestellt, deine Aspekte in deinen Sewaja-Aspekt zu bringen und gleichzeitig wurden für diese Reise viele Vorbereitungen getroffen. Du wirst im Tempel So'Harim auch das Gitternetz der Liebe sehen.

Die Einweihung wird ohne Worte vollzogen und da es nur wenige Wesen des Lichtes gibt, die diese Einweihung vollziehen dürfen, wird Merlin selbst diese Einweihung vollziehen.

Die Reise kann beginnen und die Tropfen der Erinnerung beginnen bereits zu fließen und du kannst den Tempel So'Harim erblicken. Beeindruckt durch das tiefe Blau führt dich ein goldener Bogen in das Innere des Tempels.

In diesem Tempel lodert das Feuer und viele Wesen sind anwesend. Eine große Macht, die für dich sehr spürbar ist, erscheint. Aus den Funken des Feuers entstehen Kristalle und Formationen des Lichtes. So wirst du jetzt eine tiefgreifende Einweihung erhalten!

(Lasse dir hierfür etwas Zeit.)

Es ist geschehen und vollbracht! Myriel bringt deine Aspekte zurück in deine göttliche Flamme.

So vieles ist geschehen und wir sind von den Ereignissen bewegt, die stattgefunden haben. Denn du musst wissen: Nichts geschieht zufällig! Wir sind so nah bei dir. Das Licht, die Magie zirkuliert. Nun kannst du dich nicht mehr verstecken, denn deine Seele wird dich daran erinnern, dass du die Fähigkeit der Magie und der Gottesallmacht in dir trägst.
So viele Wesen sind anwesend. Sie sind bei dir, um dich zu lieben, zu ehren und zu achten und genauso wie du selbst tragen sie die Sehnsucht in sich, der göttlichen Quelle näherzukommen. So bist du nun vorbereitet – für alles, was kommt.

An'Anasha!

MERLIN

Der Weckruf an die Magier

Ich bin Merlin – Omar Ta Satt! Jedes Wort, jede Botschaft, die ich durch das Medium an dich weitergebe, trägt die magische Energie des Merlins. Du wirst von dieser magischen Kraft profitieren und doch ist Merlin auf der Suche nach jenen, die so tief in der Absicht sind, dass ihr Lichtkörper pulsiert, mir Signale sendet und mir die Erlaubnis gibt, mit der magischen Kraft direkt in deiner Seele zu wirken.

Die Tonfolge meines Namens im Universum ist „Nama'Ba'Shama". „Merlin" ist ein Titel, der mir verliehen wurde – für das, was ich geleistet habe. Du kannst die Hierarchie im Universum nicht begreifen, denn zu sehr vergleicht ihr Menschen die Hierarchie mit eurer in der Dualität. Die Hierarchie im Universum ist mit eurer Hierarchie nicht zu vergleichen – und doch möchte Merlin kurz darauf eingehen:
Die Wesen, die dienend in ihrer Absicht sind, bekommen für bestimmte Leistungen einen Farbstrahl verliehen oder werden mit Goldstaub überschüttet. Sie werden in eine Frequenz höher getragen oder sie erhalten einen Titel und dieser Titel berechtigt sie, in der Allmacht ihres Lichtes zu wirken.

Was dieser Titel beinhaltet, dazu möchte ich ein Beispiel geben: Shiva trägt den Titel des Zerstörers. Für euch in der Dualität wirkt Shiva transformierend. Er transformiert das Ego – es entsteht Liebe. Doch die Wesen im Universum sind sehr viel mächtiger mit ihren Titeln und so hat Shiva als Zerstörer die Erlaubnis, auch dunkle Mächte zu zerstören.
Der Titel des Merlins beinhaltet, dass man magisch wirken darf –

mit der Allmacht und der Gottesmacht. Ich war auf Sol'A'Vana. In einigen Zeitepochen habe ich magisch gewirkt. Heute ist es meine Aufgabe, dir mitzuteilen, dass auch du magisch wirken kannst – wenn du es nur willst. Doch die Frage ist, ob du es willst? Denn viele Menschen, selbst Lichtarbeiter, haben Angst vor der großen Macht, die diese Magie beinhaltet. Oh ja, Merlin hat viele Aussagen aufgenommen. Natürlich kann man mit allen Mitteln, die einem zur Verfügung gestellt werden, Macht missbrauchen – doch wir gehen davon aus, dass die Macht für die Liebe eingesetzt wird! Wir wissen, dass die wirklichen Magier niemals Macht missbrauchen werden!
Jedes Wort wirkt magisch und Merlin wird – wenn du es erlaubst – mit der magischen Kraft in deiner Seele wirken. Vielleicht werde ich dir auch den Titel des Magiers verleihen und dich in den Status erheben, ein Magier zu sein.

Lass uns doch einmal zusammenfassen: Du trägst alles in dir, was du brauchst! Du hast so viele Anleitungen und Hilfen durch die Botschaften bekommen. Es gibt die 48 Schritte des Erwachens, die Pionierschritte und die Berufe der Neuen Zeit – darunter auch den des Magiers der Neuen Zeit. Viele Lichtarbeiter haben sich für den Beruf des Magiers entschieden, doch manche trauen sich nicht wirklich, damit zu arbeiten. Eine Frage von mir ist: Warum glaubst du, dass du nicht zaubern kannst? Gehe noch einmal in dich und beantworte dir diese Frage.

Ich weiß, was du geantwortet hast: Vielleicht hast du nicht genug Fähigkeiten; du weißt nicht genau, wie du es tun sollst. Die wahre Magie, der wirkliche Zauberstab der Magie ist in deinem Gedankenfeld eingebettet – von dort aus beginnt die Magie. Ein Magier zu sein, bedeutet, hochkonzentriert und diszipliniert die Rituale zu vollziehen. Meister zu werden, bedeutet Übung!

Bevor ich beginne, in deiner Seele magisch zu wirken und sie zu verzaubern, brauche ich deine Erlaubnis.

So bittet dich Merlin: Gehe in die Tiefe, in die Tiefe deines Selbst hinein.

Atme in einem Rhythmus – so, wie es für dich richtig ist – und vereinige deine Chakren.

Dehne dich aus und erteile mir, Merlin, deine Erlaubnis. Ich diene dir zum höchsten Wohle!

Möchtest du, dass Merlin deine magischen Kräfte freisetzt? Fühlst du dich dazu berufen, ein Magier zu sein? Möchtest du den Beruf, die Berufung des Magiers der Neuen Zeit ausführen und damit den Menschen dienend sein?

Sehr viele Lichtarbeiter waren in einer bestimmten Zeitepoche meine Schüler. Wenn du dazugehörst, ist deine Seele vollkommen berührt. Vielleicht fließen die Tränen der Freude und die Erinnerungen kehren zurück.

Trägst du die Sehnsucht in dir, magisch wirken zu können – zum Wohle aller Menschen? Dann wird Merlin nun mit einem nonverbalen Ritual deine magischen Fähigkeiten aktivieren und dir vielleicht gleichzeitig den Titel des Magiers übergeben. Danach werden weitere Botschaften des Merlins an dich weitergegeben.

(Nimm dir hierfür etwas Zeit.)

Was für eine Macht! Was für eine Kraft! Was für eine Magie! Ich heiße dich willkommen, du neuer Magier! Ich heiße dich willkommen. Ich werde dich unterstützen, bei deiner neuen Aufgabe als Magier tätig zu sein.

Oft wird von Machtmissbrauch gesprochen, doch Merlin sagt dir etwas – und höre gut zu, denn dies ist die Botschaft der Wahrheit: Es wurde zum Beispiel erwähnt, man könnte mit Geld Macht missbrauchen – wie seid ihr Menschen doch eingebunden in ein Kollektiv der Dualität. Der wirkliche Machtmissbrauch fängt dort an, wo du die Unwahrheit sagst! Worte bedeuten Macht. Worte können verletzen. Worte können dich missbrauchen. Doch die Magie wirkt auf eine liebende und doch so kräftigende Art und Weise!

In dieser Neuzeit brauchen wir die Magier der Neuen Zeit! Du bist berechtigt, mit der Allmacht deines Seins tatkräftig als Magier zu wirken. Hohe Wesen, die auch den Titel des Merlins tragen, werden immer dann, wenn ein Magier wirkt, anwesend sein, um das Ritual und die Tat zu unterstützen.

Ein Magier besitzt die Fähigkeit, seine Gedanken und sein Wort zu kontrollieren. Wisse: Wenn du als Magier tätig bist, dass jedes Wort, das du bei einem Ritual verwendest, von sich aus schon magisch wirkt. Vielleicht wirst du jetzt mit Leichtigkeit spüren, große Freude empfinden und vor allem die Sehnsucht in dir tragen, ein Magier der Neuen Zeit zu sein.

Doch wisse: Wenn du ein Magier bist, gibt es kein Wenn und Aber und es gibt auch keinen Kompromiss. Du kannst nicht halb magisch wirken oder nur ein bisschen. Mache dir bewusst: Wenn du bereit dazu bist, trägst du all die Zauberkraft und die magische Kraft in dir. Benutze das Werkzeug, das wir auf Sol'A'Vana gebracht haben und werde dir deiner Macht bewusst.

Es ist eine liebende Macht! Denn wir wissen: Nur die Liebe zählt und nur die Liebe ist! Wenn ich dir den Titel des Magiers übergeben habe, wirst du dies spüren. Nimm einen Atemzug und spüre die magische Kraft. Viele Wesen werden weiterhin während des Lesens der Botschaften dieses Buches anwesend sein – so auch Merlin. So wird auch Merlin bis zum Ende des Buches bei dir sein und ich kann sehen, welche Impulse jetzt von deiner Seele zu deinem Verstand gehen. Ich begrüße dich, Magier der Neuen Zeit!

A ni o'heved o'drach!

An'Anasha!

SABINE SANGITAR

Über die Magier

Sangitar: Ich werde jetzt einiges über den Titel und über die Energie von Merlin erzählen. Ich erzähle es dir direkt, da ich glaube, dass es mit menschlichen Worten für dich verständlicher ist als mit einem Channeling.
In dem vergangenen Channeling von Merlin wurde dir vielleicht auch ein Merlin-Titel übergeben. Insgesamt wird Merlin für die golden-blaue Frequenz nur 144 Titel vergeben. Ich glaube, dass vielen gar nicht bewusst ist, was es bedeutet, so einen Titel zu bekommen. Es bedeutet eine sehr große Macht, wenn Merlins Energie in dir fließt! Merlin ist die machtvollste Energie, die es in der Dualität gibt und Träger des Merlin-Titels haben die Freiheit, auf allen Ebenen – auch innerhalb der Dualität – zu wirken!

Es ist uns von der Geistigen Welt erzählt worden, dass nur die hohen Energien in die niedrigen Energien einfließen können. Sie

benetzen sie und verschmelzen auch, zum Beispiel durch den Erwachungsprozess. Die Merlin-Energie ist eine solche hohe Energie und darf auf allen Ebenen wirken. Deshalb ist sie so machtvoll.
Mir ist von Merlin gesagt worden, dass es eine Zeit gab, in der die Merlin-Energie im Universum immer wieder ein wichtiges Thema war. Auf Sol'A'Vana war aber noch nie die richtige Grundenergie, um diese Merlin-Energie so stark einfließen zu lassen. Wenn man nun einen Merlin-Titel erhält, wird diese Merlin-Energie durch die Blaupause gebracht und dort verankert sie sich in einem Feld. Das ist der Titel. Er ist im Lichtkörper sichtbar.
Aber erst, wenn deine Seele bereit ist, ein Magier und ein Zauberer zu sein, fließt diese Energie in deine Seele und somit in deine Merkaba. Dort verbindet sich diese magische Energie mit deiner Merkaba, die Merkaba richtet sich nach mehreren Frequenzen aus und dehnt sich auch noch einmal aus. Wenn das geschieht, bist du ein Magier und ein Magier hat die Macht, auf allen Ebenen zu manifestieren. Es ist ein Status, der verliehen wird; eine Energiefrequenz, die dir sozusagen auf Probezeit überbracht wird.

Würde jemand die Merlin-Energie missbrauchen, würde diese Energie sofort abgezogen werden. Ich werde öfter mal gefragt, was ein Missbrauch dieser Merlin-Energie ist. Die verblüffende Antwort, die ich dazu von Merlin erhalten habe, war, dass es weder eine dunkle noch eine weiße Magie gibt. Das ist ein Mythos, der in der Dualität von Menschen erschaffen wurde.
Merlin hat es mir folgendermaßen erklärt: Alles, was du für dich manifestieren möchtest, kannst du als Merlin mit dieser Energie manifestieren. Du kannst auch für andere manifestieren. Wenn allerdings die Manifestation aus dem Ego heraus geschieht, wird es nicht funktionieren. Es muss in die Realität des Lebens passen. Wenn jemand beispielsweise zu dir kommt, der vielleicht zwanzig

Jahre seines Lebens ein Problem mit der Fülle hatte, wirklich am Existenzminimum gelebt hat und sich nichts gönnt und zu dir sagt: „Du bist ein Magier und ich möchte, dass du mir jetzt zehn Millionen Euro manifestierst!“, würde dies nicht in seine Realität passen. Das kann nicht funktionieren. Es muss in den Rahmen der Realität für diese Lebenssituation des Menschen passen.

Merlin sagt, dass es nur wenige Dinge gibt, die aus dem Ego heraus geschehen, und die Macht, die ein Magier trägt, ist unermesslich. Ein anderes Beispiel für eine Manifestation aus dem Ego heraus wäre beispielsweise, wenn jemand kommt und zum Magier sagt: „Mache diesen Menschen gesund!“
Ich weiß, dass dies ein schwieriger Sachverhalt ist, aber ich denke, du kannst mit deinem erhöhten Bewusstsein verstehen, was ich meine: In den letzten Jahren wurde in den Botschaften immer wieder erklärt, dass bei einer Krankheit die Seele selbst entscheidet, ob und wann sie gesund werden oder gehen möchte.
Der Magier trägt auch die Verantwortung, mit seinen Worten sehr weise umzugehen. Es ist ein Unterschied, ob jemand einen Magier bittet und sagt: „Mach diesen Menschen gesund!“, oder ob jemand bittet und sagt: „Unterstütze diesen Menschen in seinem Prozess, der für ihn gut ist.“

Die Voraussetzung, um einen Titel zu erhalten, ist, dass man schon in einer früheren Inkarnation eine Schulung bei Merlin durchlaufen hat. Merlin selbst ist auch ein Titel. Es gibt mehrere Merlins im Universum. Sie haben eine unglaubliche Macht, die jetzt, in der großen Zeit der Veränderung immer mehr durchdringt. Jetzt ist die Zeit gekommen, dass die Merlins auf Sol'A'Vana ausgebildet werden und wirken können.
Magie wird in unserer Gesellschaft leider immer noch als etwas sehr Mystisches dargestellt und von manchen Menschen auch

sehr bewertend angesehen. Ein wahrer Magier ist etwas Großartiges! Wenn man sich vorstellt, dass von zigtausenden Wesen der golden-blauen Frequenz 144 auserwählt werden, dann kann man sich auch vorstellen, welche Macht dies beinhaltet!
Der Titel bettet sich in einer bestimmten Frequenz ein und zu einem späteren Zeitpunkt fließt die Energie in die Merkaba. Es wird noch eine Botschaft kommen oder bei einer anderen Gelegenheit eine weitere Initiation von Merlin geben, wodurch diese Energie in die Merkaba gezogen wird. Die Merlin-Energie ist sehr, sehr machtvoll!

Natürlich trägt man für alles, was man in seinem Leben tut, denkt und sagt die Verantwortung. Die Verantwortung für andere Menschen kann dabei jedoch nicht übernommen werden.

KRYON

Die Wirksamkeit der Gelübde, Liebesbänder und Eide aus Avalon

Ich bin Kryon vom Magnetischen Dienst und ich begrüße dich im Gewahrsein der unermesslichen Liebe – Omar Ta Satt!
Dies ist die Zeit der spirituellen Ausdehnung und der großen Veränderung. Viel Wissen wird dir in diesen Botschaften übertragen. Kosmische Weisheiten werden überbracht und es bleibt dir keine Zeit für Zweifel. Es bleibt dir keine Zeit für Widerstände – egal welcher Art.
Der Zeitkreis dreht sich immer schneller und wird enger. Erkenne, wer du bist, und mache dir das immer wieder bewusst!

Der Same der Liebe wurde gesetzt, überbracht, ausgeschüttet und ausgedehnt. Du wirst feststellen, dass du in dieser Zeit anders reagierst. Du wirst feststellen, dass sich dort, wo du Zweifel hattest, der Mut ausdehnt. Du wirst feststellen, dass sich dort, wo du Widerstände gespürt hast, die Absicht ausdehnt, um die Menschen dienend in die Neue Zeit zu begleiten. Dazu wurden verschiedene Dimensionstore geöffnet.
Es wurde von verschiedenen Zeitepochen gesprochen und mit einer Epoche hast du zuletzt Erfahrungen gesammelt – mit den Energien von Avalon. Die Energie von Avalon fließt unaufhörlich in eure Dimension ein. Du hast deiner Seele gestattet, sich zu erinnern. Du bist in diese Zeitepoche von Avalon zurückgegangen und vielleicht hast du Erfahrungen gesammelt, die der Bewusstwerdung gedient haben. Vielleicht konntest du erkennen, wer du einst warst und welche Aufgaben du hattest? Doch von großer Wichtigkeit ist, dass die hohe Energie einfließen kann!

Kryon möchte dir noch etwas über Avalon übermitteln: Gehe noch einmal für einen kurzen Augenblick in deiner Erinnerung in die Zeit von Avalon zurück. Versuche die Energie der menschlichen Liebe und der Freiheit jener Zeit, die anders ist als in der Jetzt-Zeit, zu fühlen. Dort hatten alle Schwüre, Gelübde, Liebesversprechungen und Liebesbänder, die geknüpft wurden, eine besondere Wirkung. Versuche für einige Augenblicke diese Worte zu fühlen.

In jeder wichtigen Zeitepoche haben sich die jeweilige Energie und die Versprechen, die du dort gegeben hast, mit besonderer Wirksamkeit in deinem Lichtkörper in einer bestimmten Frequenz, genannt die Blaupause, verankert. Sie sind immer noch erkennbar. Es ist möglich, dass dich noch heute Liebesbänder und Liebesversprechungen daran hindern, die menschliche Liebe mit der Neuen Energie in Freiheit zu leben.

Wenn du in jener Zeit einen Schwur geleistet hast, um für die Freiheit zu kämpfen, so ist es möglich, dass du auch heute noch versuchst, mit allen Mitteln für diese Freiheit zu kämpfen. Die Erinnerungen in der Blaupause deines Lichtkörpers können sich nicht einfach löschen. Deshalb wird die nächste Botschaft dich dahin führen, dass du alles freigibst, was dich aus dieser Inkarnation noch belastet, damit du frei wirst und die Freiheit und die menschliche Liebe in dich aufnehmen kannst, um sie in der Jetzt-Gegenwart zu leben.

Vertraue den Hohen Räten des Lichtes: Die großen Veränderungen werden geschehen! Und noch einmal möchte ich dich auffordern, dich als kräftiger, starker und ausgedehnter Lichtarbeiter wahrzunehmen. Denn wenn du dein Licht scheinen lässt, erlaubst du allen Menschen auf unbewusster Ebene, dass auch sie ihr Licht scheinen lassen!

So wirst du jetzt diese Botschaft der Befreiung vernehmen und du wirst die Veränderungen mit sofortiger Wirkung spüren.

Kryon sagt dir: An'Anasha!

MELEK METATRON

DIE ENTBINDUNG VON GELÜBDEN AUS AVALON

Ich bin Melek Metatron. Aus den Bereichen von El'Shaddai begrüße ich dich – Omar Ta Satt!
Rufe alle zusammen, um dich zu begleiten, um jegliche Versprechen, Gelübde, Äußerungen – die dir zu dieser Zeit nicht mehr dienlich sind; die du einst in Avalon geschlossen hast – mit der Kraft des göttlichen Gedankenfeldes und der Engel aufzulösen! Rufe den Herrn der Heerscharen, um die Energie von El`Shaddai so reichhaltig, wie es dir dienlich ist, hier in diesen Raum zu bringen – mit den Worten: Kodoish, Kodoish, Kodoish, Adonai'Tsebayoth!

So bittet dich Metatron: Atme das Licht der Liebe in dich hinein.
Während du atmest, dich vereinigst und zu deiner Göttlichkeit hin ausrichtest, wird Metatron dich auf allen Ebenen erden.

So erkenne das Wort des Metatrons und das energetische Muster, das dieses Wort umhüllt – denn mehr als jedes Wort ist es die Energie des Metatrons von El'Shaddai, der deine Seele berührt, der dich so unermesslich liebt. A ni o'heved o'drach!

In einer Zeit, in der du lebtest; in einer Zeitepoche, die man Avalon nennt, warst du hochenergetisch und doch Mensch. Gerade du, gerade die Menschen der golden-blauen Frequenz waren in der Zeitepoche Avalon dem Lichte dienlich. Doch mache dir bewusst, dass alle Versprechungen und alle Gelübde dieser Zeitepoche, die du abgegeben hast, sich wie kosmische Fäden bis in diese

Inkarnation tragen. Sangitar hat uns gebeten, noch einmal diese Gelübde, diese Strukturen aufzulösen, damit du in deinem Alltag frei und ohne Bindungen bist, die dir nicht mehr dienlich sind.

So fordert dich Metatron auf: Lege deine Hände mit den Handflächen nach oben auf deine Beine.

Mit der Energie von Michael – wenn du in der Absicht der Liebe deine Kanäle geöffnet hast – werden dich die Ströme von Michael in die Erinnerung führen. Lasse dir etwas Zeit und wenn es dir möglich ist, gehe zurück in die Inkarnationen von Avalon.

Du hast mehrere Inkarnationen in Avalon erlebt, nicht nur eine. Es war eine sehr lange Zeitepoche. Sieh, was in deinem Herzen strömt und welche Bilder entstehen. Wenn du keine Bilder siehst, gebe dich einfach der Energie hin.

Je tiefer du dich jetzt, in diesem Augenblick mit Avalon verbindest, desto leichter können die kristallinen Strukturen gelöst werden. Verwende deinen Ursprungsnamen für die Erinnerung oder verbinde dich tief mit deiner Ursprungsenergie.

Wenn Metatron selbst, das Auge Gottes, dich nun aufruft, die Worte des Metatrons zu wiederholen, dann wird gleichzeitig Michael mit seinem Schwert alle Verbindungen lösen, die dir zu diesem Zeitpunkt nicht mehr dienlich sind. So fordert dich Metatron auf, mit der ganzen Absicht deiner Liebe die Worte zu sprechen:

„Ehyeh Asher Ehyeh, Ehyeh Asher Ehyeh, Ehyeh Asher Ehyeh. Ich bin meine ideale Lichtstruktur.

Ich erlaube, mich jetzt und hier von allen Gelübden und Versprechungen, die ich in allen Inkarnationen von Avalon gegeben habe und die mir hier, zu dieser Zeit nicht mehr dienlich sind, zu lösen.
Ich erlaube Engel Michael, mit seinem Schwert diese kristallinen Strukturen zu durchtrennen und rufe die Quelle des Metatrons: Kodoish, Kodoish, Kodoish, Adonai'Tsebayoth.
Ich bin meine ideale Lichtstruktur."

So ist es geschehen.

Vielleicht wirst du dich in den nächsten Tagen etwas müde fühlen. Dann gehe in die Frequenzen von Shekina und gehe auch in die Frequenzen von El'Shaddai. Melek Metatron ist mit der unermesslichen Liebe bei dir! In dieser Liebe kannst du dich geborgen und aufgehoben fühlen! So ist es.

An'Anasha!

SABINE SANGITAR

Über die Gelübde aus Avalon

Sangitar: Auch wenn du vielleicht schon öfter Abtrennungen von alten Gelübden aus Avalon durchgeführt hast, so ist es möglich, dass diese immer noch wirken. Mir ist dies bei vielen Menschen aufgefallen, von denen ich die Erlaubnis hatte, in ihren Lichtkörper zu schauen, und von denen ich wusste, dass sie diese Abtrennungsrituale vollzogen hatten – und dennoch waren diese Verbindungen in vielen Lichtkörpern noch sichtbar.

Keine anderen Versprechen und Gelübde wirken so intensiv, wie die von Avalon. Sie können sich auf viele Bereiche des Lebens beziehen, wie Fülle, Aufgabe oder Partnerschaft. Daher ist es sinnvoll, sich nochmals mit der ganzen Absicht davon zu lösen!

KÖNIG ARTHUR

Die göttliche Macht und Erlösung der Vergebung

Mit den Worten – Omar Ta Satt – begrüße ich dich als König Arthur. Ich bin das Licht der Freiheit. Ich bin das Licht der menschlichen Liebe. Ich bin das Licht, das mit vielen zusammen das Erbe Gottes in Zeiten von Avalon hinterlassen hat.

Gemeinsam haben wir so viele Menschen in die Freiheit geführt. In jener Zeit war es nicht üblich, Menschen, die einen Kampf verloren hatten, am Leben zu lassen, ihnen zu vergeben – doch wir haben es getan. Denn schon zu jener Zeit – auch wenn die Schleier sehr viel dichter waren – haben wir gespürt und wir wussten, dass in uns etwas leuchtet, das sehr viel stärker ist, als die Macht zu gewinnen, als Macht auszuüben. Wir alle in dieser Tafelrunde und Gefolgschaft waren uns einig, dass man mit Sanftheit und mit Liebe mehr erreichen kann.

Ich habe viele Male vergeben in meiner Inkarnation. Viele Male war mein Herz voller Trauer und Schmerz. Doch traf ich immer auf unsere Gemeinschaft und gemeinsam haben wir erfahren, was es bedeutet, wenn man aus Liebe – aus einer tiefen Liebe heraus – vergibt. Dadurch ist Großes entstanden! Dadurch wurde Schmerz transformiert. Dadurch haben wir eine andere Art von

Macht erfahren, die viel höher und größer wirkt: Wir haben die göttliche Macht erfahren! Und wenn mein Herz so voller Trauer war, weil ich glaubte, das Liebste verloren zu haben, meine Frau Ambra, so wusste ich doch tief im Inneren: Nur die Vergebung führt mich in eine tiefe Erlösung!

Und in dieser Zeit von Avalon trug jeder, auch ich, einen tiefen, tiefen Schleier des Vergessens. Ich verstand nicht; ich wusste nicht, warum. Oft fühlte ich mich so alleine, habe an mir gezweifelt. Denn ich spürte meine Sensitivität. Wie konnte ich ein König sein, der ein ganzes Volk führt? Ich fühlte mich manchmal auch ohne Kraft. Ich suchte das Medium auf und hörte die Worte aus der Geistigen Welt, die so voller Liebe waren, die mir Zuspruch gegeben haben und mir gesagt haben: „Alles hat einen höheren Sinn! Irgendwann wird die Zeit kommen, wo du dies verstehen wirst."

Und so folgte ich diesen Worten und lernte in einem tiefen Prozess die Vergebung. Die Priesterinnen und Priester sowie die Tafelrunde und meine Gefolgschaft haben mich bei diesem Prozess begleitet und unterstützt. Doch das Höchste, das ich in diesem Leben damals erfahren durfte war: Als ich meiner Frau vergab, und auch meinem besten Freund und Vertrauten, habe ich mir selbst vergeben. Und dies setzte ein Feld frei, das so voller Macht war – von so tiefem Frieden geprägt!

Und so wurde ich in die Weiße Priesterschaft eingeweiht und alle Bürden, alle Sorgen, alle Ängste wurden von mir genommen. Ich fühlte mich so frei. Mit diesem Gefühl der Freiheit kehrte ich zurück und wurde so reich beschenkt. Ich durfte die tiefste, menschliche Liebe leben, denn Ambra hatte sich für mich entschieden. Zusammen mit der Gefolgschaft, der Tafelrunde feierten wir gemeinsam ein Fest.

Schon damals – auch wenn es in dieser Zeit nicht üblich war – war mir die Meinung der Frauen sehr wichtig. Ich habe ihnen zugehört und auch von ihnen gelernt. Und wir feierten ein Fest der Freiheit. Und wir beschlossen, dass wir so vielen Menschen wie möglich diese Freiheit schenken werden. Und wir versprachen uns, uns wieder zu treffen, uns wieder wie einst zu versammeln, um die Freiheit, die menschliche Liebe zu leben. Wir wussten nicht genau wie oder wann, doch wir wussten, dass es geschieht. Gemeinschaftlich haben wir Gottes Erbe hinterlassen: das machtvolle Schwert von Excalibur. In vielen Teilen der Erde haben wir es verankert.

Ich bin tief berührt, dich heute hier zu treffen! Lasse dir sagen: Werde frei für das Beginnende, für das Neue, für die Priesterschaft, für das Erbe von Jesus Christus, für das Erbe von Avalon! Genau wie einst werde ich dir heute sagen: Es wird eine Zeit kommen – eine Zeit nach dem Aufstieg, die die Hohen Räte als Anpassungsphase bezeichnen –, auch dort werden wir wieder gemeinschaftlich vielen, vielen Menschen zur Freiheit verhelfen!

Ich liebe dich so sehr!

Und so bitte ich dich, zu Ehren all jener, die noch schlafend sind, die diese Energie der Freiheit noch nicht fühlen können, aufzustehen. Und mit deiner Aufmerksamkeit allen Menschen – gleich, welcher Religion; gleich, welcher Hautfarbe; gleich, welcher Frequenz sie angehören – mit drei Atemzügen die tiefste Liebe zu schicken: Elexier!

An'Anasha!

* *Die Bedeutung von „Elexier" findest du ab Seite 244.*

JESUS CHRISTUS

Das Erbe von König Arthur und die Weisse Priesterschaft

Ich bin, der ich bin. Ich bin, der ich immer war. Ich bin, der ich immer sein werde. Ich bin Gottes Sohn. Herausgeboren aus der Quelle der Liebe bin ich, Jesus, der Christus, einst wie du in die Dualität gegangen. Jetzt, in diesem Augenblick ist Jesus Christus sehr nahe mit der Energie – gnadenreich und segnungsreich – spürbar hier bei dir. Ich begrüße dich mit den Worten: Omar Ta Satt!
Erkenne und fühle die Strahlkraft, die Energie, wenn Jesus mit dir spricht. Fühle das gnadenreiche Feld der Göttlichkeit, die Eleua-Energie, wie sie sich manifestiert – und in diesem Moment wirst du mit dieser Liebe, mit den energetischen Mustern, die Jesus zu dir bringt, überschüttet mit dem Atem Gottes!

Wenn sich so vieles in der Dualität im Äußeren verändert, so vieles zusammenbricht und nichts mehr Bestand hat, wirkt das für viele Menschen beängstigend. Doch vertraue auf das Wort von Jesus, das ich dir überbringe: Wenn alles im Außen zusammenbricht, wird sich das Feld in dir entzünden und die Wunder werden geschehen! So wirst du nun zuerst eine Segnung aus der göttlichen Quelle erhalten. Lege deine Hände auf dein Herz und spüre, wenn diese Segnung dich erreicht, um wie viel ruhiger du wirst – ausgeglichener, gleichzeitig auch kraftvoller. Es sind besondere Zeiten und besondere Geschenke, die wir dir überbringen. Denn jetzt ist die Zeit gekommen, in der vieles sich vereinigt und es Sangitar auch gestattet wird, den Informationsfluss an dich weiterzuleiten. Eine Welle der Feuerenergien wird sich ausdehnen. Es ist die Zeit

der Wunder! Wunder, die sichtbar werden. So kannst du in der Stille deiner Göttlichkeit, in tiefem Frieden, in der Geborgenheit und in der Liebe sein – selbst wenn das äußere Geschehen sich immer mehr zusammenspitzt; das äußere Geschehen auseinanderfällt, keinen Bestand mehr hat.
Fühle nun die Segnung des göttlichen Vaters, der göttlichen Mutter und nehme sie auf – tief in deiner Seele!

(Lasse dir hierfür etwas Zeit.)

Vielleicht hast du auf diese Zeit gewartet, in der die Informationen über Avalon kundgetan werden? Vielleicht hast du nicht verstanden, dass dies ein Prozess ist, der von vielen Energien abhängig ist? So war es sehr wichtig, dass erst die Tore von Lentos geöffnet wurden; dass das Prosonodo-Licht Einzug gehalten hat, die Eleua-Energie hinzugekommen ist, um die Sanftheit mit einzubringen, einzubetten – aus der Liebe heraus, für dich.
So gebe ich dir jetzt diese Botschaft – gnadenvoll mit tragender Liebe –, dass ich, Jesus Christus, selbst ein Weißer Priester bin! Ich habe das Erbe, das König Arthur hinterlassen hat, angenommen, um es zur Vollendung zu bringen. So habe ich vielen eine Initiation in die Weiße Priesterschaft gegeben. So viele haben dies gespürt, doch erst jetzt ist der richtige Zeitpunkt gekommen, um dieses Feld zu entzünden.

Die golden-blaue Frequenz hat mich begleitet und so möchte ich dich jetzt bitten: Gehe tief in deine Göttlichkeit hinein und spüre.

Ich werde dir jetzt ein Zeichen geben, wenn auch du von mir, Jesus Christus, eine Initiation erhalten hast. Du wirst es spüren – tief in dir.

Atme das Licht der Liebe. Spüre die Segnung und lasse die Eleua-Energie zirkulieren.

Viele von euch aus der golden-blauen Frequenz haben mich begleitet, waren nahe bei mir. So fühle jetzt, was ich, Jesus, dir überreiche. Lasse dich berühren in der Tiefe deiner Seele.

Wenn du von Jesus eine Initiation zur Weißen Priesterschaft erhalten hast, trägst du auch das machtvolle Schwert Excalibur in dir. In Avalon war es wichtig – in völligem Vertrauen –, Wunder zu erzeugen. Doch Jesus war es möglich, diese Wunder sichtbar werden zu lassen – und eure Aufgabe der golden-blauen Frequenz ist es, diese Wunder zur Vollendung zu führen, denn genau diese Wunder werden gebraucht, wenn das Äußere in der Dualität zusammenbricht!
Ich blicke mit so viel Liebe zu dir! Und wenn dieses Priesterlicht zusammen mit Excalibur entzündet wird, werden Wellen der Energien sich um den Erdball bewegen – machtvoll, begleitet von den Wundern! Dennoch werden die Sanftheit und auch die Leichtigkeit mit einfließen. So rufe ich dich noch einmal auf: Fühle deine Zugehörigkeit!

Vertraue auf die Worte von Jesus: Alles baut aufeinander auf, energetisch abgestimmt zum richtigen Zeitpunkt, denn es geht nicht um einen Einzelnen. Es geht um euch alle, um den Planeten. Es geht um Lady Shyenna und zu diesem Zeitpunkt werden sich die Energien vereinigen.
So kannst du dich in Gottes Hände begeben und voller Vertrauen und mit Freude auf das blicken, was kommt. Vergessen werden sein die Ängste und Sorgen, der Schmerz. So wird die Knospe sich öffnen und das Wunder wird geschehen! Dadurch entsteht Freiheit. Freiheit für dich persönlich, für die Menschen und

Freiheit für den Planeten! Mit diesen Worten verabschiedet sich Jesus Christus, Gottes Sohn: A ni o'heved o'drach!

An'Anasha!

SABINE SANGITAR

Über Avalon

Chamuel: Liebste Sangitar, kannst du uns bitte etwas über die Avalon-Zeitepoche im Gefüge aller Zeitepochen erzählen?

Sangitar: Avalon war eine sehr wichtige Zeitepoche. An und für sich sind alle Zeitepochen gleich wichtig, aber Avalon war deshalb besonders wichtig, weil sich dort erstmalig die Energien dahin gehend verändert haben, dass es nicht mehr so sehr darum ging, diese Kluft zwischen Dunkel und Licht energetisch zu überbrücken. Avalon war erstmalig die Zeitepoche, in der es darum ging, die Liebe – ja, tatsächlich auch die menschliche Liebe – energetisch so auf dem Planeten auszudehnen, dass sich die Grundenergie durch die Liebe erhöht. Dieses Mal nicht durch den Kampf des Lichtes; nicht dadurch, dass die Menschen sich entscheiden mussten – so, wie es in Atlantis ganz wichtig war: Entscheidest du dich für das Licht oder entscheidest du dich für die Dunkelheit?

Das muss ich noch näher erklären, damit ihr das große Ganze besser erkennt: Die Menschen zu Zeiten von Atlantis waren sehr spirituell und hatten keinen Zweifel an der Spiritualität. Aber es war auch eine Zeitepoche, die mit sehr viel Ego, also mit Gedanken der Macht, verbunden war. In Atlantis waren sich

selbst spirituelle Menschen nicht sicher, ob sie diese Macht für ihre eigenen Zwecke auf Sol'A'Vana leben wollten oder ob sie sich spirituell weiterentwickeln und einem höheren Sinn dienen wollten. Hier waren die alten Götter sehr wichtig, die Krieger des Lichtes, der Kampf und eben die energetische Überbrückung von Dunkel und Licht.
Es ist auch wichtig zu wissen, dass in einer Zeitepoche nicht nur die Menschen eine Aufgabe haben, die sie zu erfüllen haben und sich dabei energetisch ausdehnen, sondern dass immer auch der Planet eine Aufgabe hat. Es muss immer eine bestimmte Grundenergie vorhanden sein, damit sich eine Zeitepoche schließen und sich die nächste öffnen kann.
Zwischen Atlantis und Avalon gab es viele Zeitepochen – darüber werde ich irgendwann auch noch mehr erzählen –, aber Avalon war dann die Zeitepoche, in der sich alles verändert hat; in der der Kampf nicht mehr im Vordergrund stand und die Menschen mehr mit der Liebe, ganz besonders mit der menschlichen Liebe, gewirkt haben. Und deshalb war Avalon für alle Menschen auch so prägend.
Ihr alle, die ihr von der golden-blauen Frequenz seid, habt in Avalon eine ganz tragende Rolle gespielt! Das gilt nicht nur für diejenigen, die die 48 Schritte gehen, sondern für alle anderen trifft das auch zu.
Was für euch auch sehr hilfreich zu wissen ist, ist, dass ihr in der sehr langen Zeitepoche von Avalon nicht nur ein Mal inkarniert habt und mit dieser einen Inkarnation jene Energiearbeit gemacht habt, sondern ihr habt besonders oft inkarniert. Wenn ich jetzt eine Zahl nennen müsste, dann würde ich sagen, dass ihr in der Regel 160 bis 170 mal inkarniert habt.

Chamuel: Ja wirklich? Ich kann mich daran erinnern, dass du mal von einer Zahl zwischen 50 und 80 Inkarnationen gesprochen hast?

Sangitar: Ja, das ist richtig. Aber da musst du auch wieder unterscheiden: Es gibt viele verschiedene Frequenzen, die in Avalon inkarniert haben. Ich spreche hier jetzt ganz klar von der Familie der golden-blauen Frequenz – und diese hat weit öfter inkarniert.

In Avalon ging es darum, dass ihr aus dem Herzen heraus für das Licht wirkt. Das war der Beginn der Intuition; der Beginn der Wunder, die der Verstand nicht mehr erfassen kann. Dies steht im Gegensatz zu Atlantis. Hier waren Wunder noch selbstverständlich. Doch in Avalon hat erstmalig ein großes, spirituelles Vergessen eingesetzt.

Ihr alle, die ihr vorher in Atlantis wart, habt in Atlantis ein großes, spirituelles Wissen getragen. Ihr habt nicht so sehr in Vergessenheit gelebt, denn eure Aspekte waren noch mehr vereint. Für die Zeitepoche Avalon wurde vom Hohen Rat beschlossen, dass ein Vergessen einsetzt, damit für das große Ganze – bis hin zur heutigen Zeit, dem Goldenen Zeitalter – das Vertrauen geschult wird. Und das war eine riesengroße Herausforderung!
In Avalon ging es darum, für die Menschen die Freiheit zu bringen – doch Freiheit in Form von Liebe und nicht im Kampf. Auch Vergebung war in Avalon ein ganz großes Thema. In Avalon haben auch die ganzen mystischen Dinge angefangen zu wirken – und so kommen wir zum Thema der Priesterschaft.

Die Priesterschaft spielte in Avalon eine ganz wesentliche Rolle. Durch sie ¬– und die Priesterschaft lief damals ganz anders ab als heute – haben viele von euch eine sehr tiefe Schulung mit Initiationen erhalten, um als Priester in Avalon zu wirken. Diese Priesterschaft beinhaltete die Magie. Außerdem bedeutete sie, dass die Menschen, die sich für diesen Weg der Priesterschaft entschieden hatten, sich mit ihrer Liebe voll und ganz ihrer Aufgabe widmeten. In dieser

Zeitepoche war es natürlich auch noch so, dass das Ganze mit sehr vielen Entsagungen verbunden war.
Die Priesterinnen durften wenig sprechen. Es wurde ihnen kaum erlaubt, das Wort zu benutzen, weil sie auf ihre Energie geschult wurden. Es ist nicht so, dass sie gar nicht sprechen durften. Aber wenig zu sprechen, war eine Schulung darin, eine Energie in sich zu erzeugen, welche die Menschen hatte anziehen sollen – doch eben nicht durch Worte. Sie wurden sehr darin geschult, Energien nach außen zu bringen – weniger, indem sie redeten; vielmehr indem sie Energien erschufen.
Zusätzlich lebten die Priesterinnen im Zölibat. Sie durften keine menschlichen Beziehungen leben. Außerdem haben sie in ihrer Entsagung die Armut gelebt. Und das sind nur drei Dinge von sehr vielen Dingen!

Es sind im Übrigen auch sehr viele Männer, die sich dieser Priesterschaft zugehörig fühlen und natürlich Informationen wollen, weil sie einfach tief in sich spüren, dass da trotz ihres Erwachens noch etwas sehr Tragendes ist, was fehlt. Hier spüren sie die Priesterschaft und die Magie.
Es liegt mir sehr am Herzen, immer wieder zu erwähnen, dass es viele Wege ins Erwachen gibt und jeder Weg für sich gleichwertig ist! Aber ich spreche jetzt von dem Weg, den wir gehen: Die Geistige Welt wollte einfach, dass ihr erst einmal ins Erwachen geführt werdet, ihr euch somit erkennt und diese Energien vorerst in euch spürt; dass ihr spürt, dass ihr selbstbestimmend in euch tragt, was göttliche Macht beinhaltet; dass ihr mit dieser göttlichen Macht auch arbeitet und euch mit dieser göttlichen Macht erkennt. Das war sehr wichtig!

Es hatte – wie immer – seine Gründe, warum die Informationen für die Priesterschaft und die Magier erst nach und nach weitergegeben wurden. Einer der Gründe, warum die Botschaften über Avalon, die Priesterschaft und die Magie erst langsam, Schritt für Schritt, übermittelt wurden, nachdem die Tore von Lentos geöffnet waren, war, dass zuerst die Energie der Sanftmut, die Eleua-Energie und das Prosonodo-Licht einfließen – denn es verbindet sich immer alles miteinander und das war in diesem Fall besonders wichtig. Denn die 36 Hohen Räte sagten immer zu mir, dass die Inkarnationen von Avalon eine solch unvorstellbar große Macht tragen. Auch wenn ihr euch diese Macht noch so sehr wünscht – sollte sie unkontrolliert und gebündelt nach oben kommen, wäre dies für euch nicht dienlich!

Du kannst dir einfach Folgendes vorstellen: Wenn du heute stellvertretend jemanden nimmst, der schon einige spirituelle Erfahrungen an Bewusstseinsarbeit gemacht hat – beispielsweise Reiki oder auch anderes. Wenn du diesem Menschen alle Energien und Informationen auf ein Mal geben würdest, könnte der Mensch diese Energieausdehnung und Kraft nicht aushalten.

Deshalb war es der Geistigen Welt so wichtig, dass für diejenigen, die diesen Weg der Priesterschaft gehen wollen, Vorbereitungen getroffen werden: Es musste zuvor das Tor von Lentos geöffnet werden und somit die Eleua-Energie und das Prosonodo-Licht einfließen!

Ich werde oft gefragt, was die Magie von der Priesterschaft unterscheidet? Die Magie an sich ist nicht ganz so stark wie die der Priesterschaft. Das liegt daran, dass eine Priesterin, die eine Initiation in Avalon erhalten hat, automatisch auch eine magische Initiation erhalten hat, somit magisch wirkt und magische Energien trägt. Eine Magierin dagegen, die eine Schulung in Avalon durchlaufen hat, ist nicht automatisch eine Priesterin. Das ist der große Unterschied.

Reine Magier tragen keine Priesterenergien in sich, weil sie jene

Riten in ihren Inkarnationen nicht durchlaufen haben. Die Magier können sehr gut manifestieren; sie machen viele Rituale. Die Magie ist eine Energie, die sehr machtvoll und tragend ist, aber sie ist nicht so sehr verbunden mit den vielen Gelöbnissen und Entsagungen. Die Priesterinnen dagegen haben einen sehr langen Weg hinter sich.

Chamuel: Könntest du uns erzählen, wie solch ein Weg ausgesehen hat?

Sangitar: Dazu muss ich vorwegsagen, dass ihr ins Universum heimgekehrt seid, wenn die Zeitepochen ihren Höhepunkt erreicht hatten. Bevor ihr wieder inkarniert habt, habt ihr aus eurem freien Willen heraus entschieden, wie ihr in der kommenden Zeitepoche wirken werdet. Viele haben sich da sowohl für die Priesterschaft entschieden als auch für die Magie. Eine Priesterin musste über viele Inkarnationen hinweg einen Leidensweg gehen, und zwar erst einmal ohne dabei überhaupt irgendeine Initiation zu erhalten.

Chamuel: Aus welchen Gründen?

Sangitar: Es ging in dieser Zeitepoche darum, zu verzeihen und die Demut kennenzulernen. Das war in Atlantis weniger wichtig, hat sich aber in Avalon meist über Armut und Schwierigkeiten in der menschlichen Liebe ausgedrückt – also durch einfach blöde Inkarnationen! Sie mussten in sich immer wieder etwas finden, um Vertrauen zu entwickeln, um weiterzugehen. Sie hatten ja tatsächlich erstmalig einen Schleier um sich herum. Sie haben praktisch vergessen. Es war einfach eine große Herausforderung.

Ich vergegenwärtige mir sehr oft, wie stark wir alle die Zeitepoche von Avalon heute noch spüren, obwohl sie schon so lange her ist!

Wir haben seitdem viele Inkarnationen und Zeitepochen erlebt – und trotzdem spüren wir den Zug zu Avalon. Als Atlantis – eine völlig andere Zeitepoche, mit einer ganz anderen Energie – sich geschlossen hatte, gab es keinen Schleier. In Avalon war es nun ganz anders: Stell dir vor, du kehrst ins Universum heim, gelangst dann anschließend in eine völlig andere Zeitepoche und hast dabei vergessen, wer du bist – wie es dir da wohl gehen muss! Das war etwas völlig Neues!
Die Menschen meinen immer, in dieser Inkarnation sei der Schleier des Vergessens so groß. Das ist im Vergleich alles harmlos. Damals in Avalon waren die Schleier sehr viel dichter und somit das Vergessen viel größer. Deswegen wurden die Menschen, die in die Dualität gegangen sind, um die Priesterenergie und die Magie zu erlernen, im Vorfeld in vielen Inkarnationen geschult. Sie wurden dafür ausgesucht, denn es wurde aussortiert – ohne dass sie es wussten: Wer schafft es, zu vertrauen? Wer schafft es, über den Schleier hinwegzusehen? Wer spürt in sich etwas Energetisches und vertraut darauf? Nochmals, das waren große Herausforderungen!
Erst in der Mitte der Zeitepoche von Avalon hat es dann begonnen: Die Auserwählten haben sozusagen diese Prüfung, die es damals ja noch gab, bestanden. Sie sind daraufhin wieder inkarniert. Dann hat es damit begonnen, dass die Priesterinnen ihre Initiationen bekamen. Das war ein langer Weg. Sie mussten vieles, vieles in Kauf nehmen und sich unterwerfen – so, wie es in dieser Zeitepoche noch normal war! Sie mussten alles befolgen und Wunder vollbringen – ohne Wunder, keine Initiation!

Chamuel: Was heißt „Wunder" in diesem Zusammenhang?

Sangitar: Ein Wunder war zum Beispiel, Feuer zu entfachen oder bestimmte Rituale aus dem inneren Erkennen heraus zu vollbringen. Daran wurde geprüft, ob diese Rituale auch wirken. Dies hat viel

mit Stonehenge zu tun. Darauf möchte ich im Einzelnen jetzt aber nicht eingehen. Anhand der Ergebnisse wurde nochmals aussortiert. Nur die Besten der Besten haben daraufhin eine Initiation erhalten, sind dann in eine Art Kloster eingetreten und wurden dort abgeschottet. Sie hatten einen sehr hohen Status. Sie waren wirklich sehr mächtig – aber eben auch abgeschottet.
Die goldenen Priesterinnen waren die ersten, die auserwählt worden sind. Es waren die, die diese Aufgabe in sich trugen und die die anderen Priesterinnen schulen durften. Darunter waren sehr hohe Lichter wie König Arthur und Lancelot – und zwar genau so, wie es die Sage auch erzählt. Nebenbei bemerkt, finde ich es immer sehr spannend, über wie viele Zeitepochen sich die Wahrheit hält. Sie gingen also zu diesen Priesterinnen und ließen sich eine Initiation geben.

Was auch noch wichtig ist: Die Priesterinnen waren durch die Art, wie sie über viele Inkarnationen hinweg auf ihr Amt vorbereitet worden waren, unglaublich mächtig darin, energetische Bänder zu knüpfen. Es gab in Avalon erstmalig Hochzeiten – auch wenn es damals anders geheißen hat.
Wenn zwei Menschen sich gefunden hatten, mussten sie zu einer Priesterin gehen. Diese Priesterin vollzog für sie ein Ritual und knüpfte dabei ein Liebesband. Die beiden, die gekommen waren, bei denen dieses Liebesband geknüpft wurde, gaben ein Versprechen ab. Dieses Versprechen wurde laut ausgesprochen, dies bei Vollmond. Die ganze Nacht wurde dieses energetische Versprechen in das Band eingebettet, welches unauflösbar war.
Und das ist das, was heute noch viele spüren, wenn sie sich so sehr gebunden fühlen. Dadurch wird auch verständlich, dass es unmöglich ist, mal eben alle Bänder von Avalon zu lösen. Das war so extrem! Das wurde mit so mächtigen Energien zelebriert, dass es fast unauflösbar ist.

Es gibt viele gute Dinge, die in Avalon entstanden sind, denn diese Inkarnation war erstmalig auf Vertrauen ausgelegt, auf Freiheit und auf menschliche Liebe. Auf der anderen Seite aber wirkt keine Zeitepoche – außer die von Jesus und die Anfänge von Lemurien – so stark und so bindend wie Avalon. Deshalb sollte man sehr vorsichtig sein, wenn man den Drang spürt und sagt: „Ich möchte meine Priesterschaft unbedingt leben!", ohne sich der Konsequenzen wirklich bewusst zu sein.
Das ist auch mein ganz großes Anliegen: Natürlich fühlt ihr euch heute stark und sagt: „Ich bin bereit!", aber trotzdem ist es mir ein Anliegen, dass ihr dies mit sehr viel Achtsamkeit tut! Es wird in dem Zusammenhang natürlich nochmals sehr viel hochkommen und es wäre wichtig, dies in einem Rahmen zu tun, der jetzt auf das Goldene Zeitalter abgestimmt ist! Es ist beispielsweise heute nicht mehr wichtig, noch einmal zu spüren, wie es ist, nicht mehr sprechen zu dürfen.
Und deswegen achtet die Geistige Welt auch so sehr darauf, dass alles in sich so vollzogen wird, dass es für das Goldene Zeitalter richtig und gut ist! Letztendlich geht es um den Aufstieg. Es geht nicht darum, dass Einzelne nur die Priesterschaft leben. Es geht um das große Ganze – den Aufstieg! Natürlich sind die Energien von Avalon und der Magie sehr wichtig. Es muss sich aber alles vereinen und alles muss dem großen Ganzen dienen. Unser ganzes Sinnen und Trachten sollte nicht im Einzelnen geschehen, sondern sollte sich ausrichten auf den Aufstieg!

Aber um wieder zurück auf das ursprüngliche Thema zu kommen: die Goldene Priesterin, die dann wieder viele goldene Priesterinnen initiiert hat. Das waren lange, lange Schulungen. Das ist mir auch ganz wichtig, dass ihr das wirklich versteht: Avalon war eine Zeitepoche, die erstmalig dahin geführt wurde, dass die Menschen nicht mit ihrem Verstand arbeiten – und damit tun wir uns selbst

heute noch schwer. Es ging darum, mit dem Herzen, dem Gefühl und unserer Liebe tätig zu sein. Diese Zeitepoche ist nicht mehr mit der heutigen zu vergleichen. Wie viele Menschen gibt es heute noch, die alles erklärt haben wollen? Und in Avalon, da wurde dir gar nichts erklärt!
Auch in Avalon habe ich als Medium gewirkt und weiß daher, wovon ich rede, denn ich habe auch dort Botschaften gegeben. In diesen ging es rein um die Liebe, die Freiheit und das Spüren des Herzens. Es ging um das Herstellen der Emotionen, der Zwischenmenschlichkeit und der Absicht. Weitere Informationen gab es nicht, über sehr viele Inkarnationen hinweg. Das war die große Herausforderung in Avalon.

Die Priesterschaft entwickelte sich über viele Inkarnationen hinweg und der Höhepunkt war König Arthur. König Arthur selbst lebte die menschliche Liebe. Er war ein sehr weiser und liebevoller Mensch, aber gleichzeitig ein Ritter, ein Krieger.
Hier möchte ich gerne noch etwas anmerken: Ich habe sehr viel Achtung vor den Männern, denn sie haben – ganz besonders in Avalon – sehr viel geleistet! In jener Zeit stand immer noch die männliche Energie im Vordergrund – das war ein Überbleibsel von Atlantis. Sie mussten aber lernen, die weibliche Energie zu leben – das Weiche und Zärtliche. Zu lernen, eine Frau zu lieben und zu achten, einer Frau zuzuhören und gleichzeitig der Ritter zu sein, der das Land verteidigt, der kriegerische Entscheidungen auf höchster Ebene trifft, war nicht einfach. Hier spreche ich von den Männern, aber ganz besonders von König Arthur.

König Arthurs große Liebe war einfach seine Frau. Seine Frau – sie war sehr liebevoll – hatte sich aber in einen anderen Mann verliebt. Hinter diesem ganzen Geschehen stand ein großer Plan! Dies wusste Arthur aber nicht, weil er keinen Informationsfluss hatte.

Ich wirkte auch in dieser Inkarnation als Medium und hatte die große Ehre, auch für König Arthur zu channeln. Ich wusste damals um diese Dinge und durfte sie ihm nicht sagen. Es war schwer für mich, zuzuschauen, wie seine Frau sich in einen anderen Mann verliebte, doch ich wusste, dass dies so sein musste, damit König Arthur vergeben lernte. Es war die größte Herausforderung und seine größte Prüfung, dies seiner Frau zu verzeihen!
Dabei müssen wir außerdem berücksichtigen, dass Avalon eine ganz andere Zeit war. Heute lassen sich die Menschen einfach scheiden und finden einen anderen. Das war zu jener Zeit ganz anders. Dass es aber heute bei uns so einfach ist, ist der Verdienst von König Arthur! In Atlantis beispielsweise gab es so etwas wie Vergebung nicht. In Avalon war es dann wichtig, diese Energie der Vergebung zu verteilen.
Es wäre zu dieser Zeit normal gewesen, wenn König Arthur seinen Nebenbuhler einfach umgebracht hätte. Es war zu dieser Zeit auch sehr üblich, seine Frau in Ketten zu legen. Aber Arthur entschied sich als höchster Würdenträger des Landes anders und gab seine Frau frei – so sehr liebte er sie!

Danach fiel er energetisch in ein tiefes Loch und machte sich auf den Weg nach Stonehenge, wo Priesterinnen gelebt haben. Hier warteten bereits Priesterinnen auf ihn, welche schon sehr lange auf dieses Ereignis geschult worden waren. Sie haben ihn mit ihrer Liebe aufgefangen. Sie haben ihn eingebettet in ein Liebesband – ohne viele Worte. Hier erfuhr er eine Initiation. Die Priesterinnen vollbrachten ihr Werk allein dadurch, dass sie Arthur wieder in seine Kraft gebracht haben.
Als er wieder zurückkam, galt er als der große, edle Ritter. Er vergab seiner Frau! Was er aber nicht wusste, war, dass sich seine Frau in derselben Zeit auch für ihn entschieden hatte! Das war der energetische Wendepunkt für unseren Planeten! Mit diesem

Verzeihen wurde der Weg für die Freiheit und die menschliche Liebe geebnet! Alle Inkarnationen, die danach folgten, gingen immer wieder sehr intensiv um dieses Thema.

Chamuel: Kann man sagen, dass es bestimmte Wesenheiten gibt, die ein so großes Energiepotenzial in sich tragen, dass ihre Entscheidungen in ihren Inkarnationen absolut tragend für alle Menschen um sie herum waren und hierdurch ein großer Energieimpuls freigesetzt wurde – so wie bei König Arthur?

Sangitar: Ja – König Arthur ist mit Jesus zu vergleichen! Natürlich hat Jesus ganz anders gewirkt, weil er Gottes Sohn ist, aus der göttlichen Quelle selbst kommt und wie kein anderer die Erlösung, die allumfassende Liebe gebracht hat. Aber Arthur hatte die Aufgabe, diesen Wendepunkt auf Sol'A'Vana herzustellen – und das hat er geschafft!

König Arthur hatte sein volles Erwachen in der Priesterschaft – davon war seine Erbschaft geprägt. Das, was er dem Planeten als Erbe hinterließ, sind die magischen und machtvollen Schwerter. Diese hat er überall auf Sol'A'Vana verankert. Er wusste, dass diese Schwerter zu einem bestimmten Zeitpunkt lebendig werden. Nachdem nun die Tore von Lentos geöffnet sind und das Prosonodo-Licht und die Eleua-Energie Einzug gehalten haben, ist jetzt diese Zeit gekommen!

Zum besseren Verständnis muss ich vielleicht noch sagen, dass König Arthur die Energie von Michael ist und er hat ein großes Erbe hinterlassen – ein göttliches Erbe! Als er nach Hause ins Universum zurückkehrte, hat er seine Energie auf viele übertragen und somit sind in vielen Inkarnationen ähnliche Wesenheiten wie König Arthur geboren worden.

Chamuel: Er hat also sozusagen den Titel eines Arthurs übertragen?

Sangitar: Und auch die Energie!

Chamuel: Welche Energie genau trägt so ein Schwert?

Sangitar: Pure Gottesmacht, energetische Verschiebungen – die Macht, Energien zu verändern. Es ist schwer mit Worten auszudrücken. Wer so ein Schwert im energetischen Sinne besitzt, es also im Lichtkörper trägt und es entzündet wird – das hört sich jetzt wie eine Floskel an, aber es ist keine Floskel –, wird die Gottesmacht spüren!
Wenn ein solches Kriegerschwert oder ein magisches Schwert, welches König Arthur hinterlassen hat, wirklich in dir entzündet wird, dann kannst du damit tatsächlich Wunder vollbringen!

Chamuel: Also ist sozusagen die pure, göttliche Allmacht die tragende Hauptenergie in diesem Schwert?

Sangitar: Ja – und auch das Entzünden dieser Schwerter wird wieder nicht von Heute auf Morgen geschehen. Auch hierfür ist es wichtig, zu erkennen, dass sich die vollendete Aktivierung Schritt für Schritt vollzieht. Mit jedem Channeling wird es immer mehr entzündet – so, wie es für dich richtig und gut ist. Und die beste Unterstützung dafür wäre eigentlich, so viel wie irgend möglich mit der Eleua-Energie zu arbeiten. Je mehr du diese Energie einfließen lässt, desto tiefer kann dieses Schwert entzündet werden!

Chamuel: Tragen viele Menschen dieses energetische Schwert?

Sangitar: Ja, sehr viele von der golden-blauen Frequenz tragen dieses Schwert in ihren Lichtkörpern. Das heißt jetzt aber nicht, dass andere Frequenzen weniger wert sind. Sie tragen andere Dinge in sich, die wir nicht eingebettet haben. Zum Beispiel tragen die Maya die Kristallschädel eingebettet in sich. Bei uns ist es unter anderem dieses Schwert und die Perlenformationen von Jesus. Alles wird jetzt nacheinander freigesetzt, entzündet, lebendig gemacht und miteinander verbunden.

Chamuel: Das klingt sehr schön!

Sangitar lächelt: Ist es auch!

Und was viele nicht wissen, ist, dass diese Priesterschaft fortgesetzt wurde; dass zum Beispiel Jesus ein Weißer Priester ist. Jesus war bei Mutter Maria im Kloster und Mutter Maria war eine blaue Priesterin. Sie hatte eine sehr tragende Rolle als Priesterin in Avalon und wurde dazu auserwählt, Gottes Sohn ein Stück weit vorzubereiten. In dieser Vorbereitung gab sie ihm eine Initiation in die Weiße Priesterschaft.

Chamuel: Wurde die Weiße Priesterschaft da ins Leben gerufen oder hat sie schon vorher existiert?

Sangitar: Die Weiße Priesterschaft gab es schon vorher. Bereits die Tafelrunde von König Arthur gehörte der Weißen Priesterschaft an. Als König Arthur in die Weiße Priesterschaft eingeweiht wurde, sein Erwachen hatte und anschließend zurückkam, war ihm sehr wichtig, dass seine engsten Gefährten, seine Tafelrunde, diese Priesterschaft in sich tragen, weil diese sehr machtvoll ist. Deswegen brachte er seine Gefährten der Tafelrunde nach Stonehenge. Jeder von ihnen durchlief dort eine Schulung. So wurden sie zu den Weißen Priestern. Da die Weißen Priester noch mehr die Macht hatten, nach außen zu gehen, waren sie von vielen

Gelöbnissen befreit. Anders als bei den anderen Priesterschaften, die oft noch beispielsweise unter dem Sprechverbot wirkten.

Chamuel: Also kann man sagen, dass die Weiße Priesterschaft zu Zeiten von Avalon die Priesterschaft der Neuen Zeit war?

Sangitar: Ja genau, das war König Arthur wichtig.

Chamuel: Kannst du uns bitte noch mehr über die Weiße Priesterschaft und Jesus erzählen?

Sangitar: Dadurch, dass Jesus die Initiation in die Weiße Priesterschaft von Mutter Maria erhalten hatte und danach den Zyklus seiner Schritte ins Erwachen gegangen ist – auch wenn es leicht andere Schritte waren als die, die wir heute gehen – hatte er die Berechtigung, seinerseits Initiationen zu vollziehen und ebenso in die Weiße Priesterschaft einzuweihen.
Deswegen wiederholt es sich auch heute auf diese Art. Für Jesus war es wichtig, dass die Menschen die Wunder, das Vertrauen, die zwischenmenschliche und die allumfassende Liebe nicht nur spüren, sondern auch sehen konnten. In seiner Zeitepoche war es wichtig, dass die Wunder auch sichtbar waren.

Chamuel: Okay – das, was die Priester zuvor verstecken mussten, durfte nun frei gezeigt werden?

Sangitar: Genau! Dadurch, dass Jesus die Menschen so sehr liebte, war es ihm wichtig, einem Menschen nicht einfach nur eine Initiation zu geben und die Macht freizusetzen, sondern er wirkte zusätzlich immer auch noch mit dem Prosonodo-Licht und der Erlösungsenergie. Was er wollte, war die Vereinigung von Macht, Liebe und Vertrauen.

Sein Ziel war, dass die Menschen sich auf das Goldene Zeitalter ausrichten. Jesus entzündete das Licht in den Menschen, sodass sie die Macht in sich spüren konnten. Doch so, dass sie die Macht mit der Liebe, der Erlösung, dem Verständnis und mit dem Mitgefühl vereinen. Jesus hat sehr viele Menschen in die Weiße Priesterschaft eingeweiht.

Chamuel: Liebe Sangitar, jetzt hast du sehr viel über die Priesterschaft und über Arthur erzählt. Könntest du uns bitte noch etwas über Merlin erzählen?

Sangitar: Eine Priesterin musste auch eine magische Schulung durchlaufen, um in ihre Vollkommenheit geführt zu werden, denn sie musste auch Wunder vollbringen. Das war mit der Magie natürlich sehr viel leichter als mit der reinen Priesterenergie. Aber die Magierinnen durchliefen zum Beispiel nicht die Priesterschaft, sondern haben eine Schulung durch Merlin erfahren.

Es gibt viele Merlins. Es gibt nicht nur den einen Merlin. Das ist ähnlich wie bei den Priesterinnen. Es gibt die eine Goldene Priesterin und viele goldene Priesterinnen, die nicht weniger wert sind als die eine Goldene Priesterin – und so war es auch bei Merlin. Es gab den einen Merlin, der Initiationen vollzogen hat und den Titel des Merlins verliehen hat. Viele trugen diesen Titel dann als Namen und somit gab es in Avalon viele Merlins. Diese Merlins haben die magischen Schulungen angeleitet. In der Magie ging es sehr viel darum, zu manifestieren, Energien zu bündeln, Energien zu verschieben, die Menschen in ihren Energien zu erhöhen und die Erdbewegungen zu kontrollieren. Der Unterschied zur heutigen Zeitepoche ist, dass in Avalon die Magier eingreifend wirken durften. Sie mussten nicht nachfragen wie heute im Goldenen Zeitalter. Sie haben getan, was zu tun war.

Wenn ich heute Menschen sehe, bei denen ich in die Lichtkörper schauen darf, dann sehe ich einen unglaublichen magischen Fluss. Diese Kraft der Magie ist gebündelt, aber nicht freigesetzt. Das liegt einfach daran, dass viele Magier einen zu großen Respekt oder eine zu große Angst davor haben, magisch zu wirken. Der Grund dafür liegt darin, dass sie sich unterbewusst daran erinnern, dass sie in Avalon in vielen Inkarnationen übergreifend gewirkt haben, was heute verboten ist. Aber damals war es eben nicht verboten. Somit kann man auch nicht sagen, sie hätten Macht missbraucht, denn damals war eine andere Zeit.

Aber sie spüren deswegen heute immer noch etwas in sich, was ihnen Unbehagen bereitet. Doch ein Magier braucht in der heutigen Zeit keine Angst haben. Ein Magier, der in der Liebe und tief mit Jesus verbunden ist, würde diese Macht nicht mehr übergreifend benutzen. Natürlich kann ich nicht für alle sprechen. Es wird immer wieder Ausnahmen geben, doch der Großteil dieser Familie tut dies nicht.

Die Magie ist in diesem Zeitalter sehr wichtig, weil die Magie – so wie das Prosonodo-Licht und die Eleua-Energie – letztendlich auch die Macht besitzt, in den letzten Schüben des Aufstiegs Lady Shyenna mit zu erwecken. Die Geistige Welt würde es sehr begrüßen, wenn sich Priesterinnen und Magier zusammentun, damit ihre Energien eins werden und nicht getrennt voneinander funktionieren. Diese beiden Energien zusammen – gekoppelt mit der Eleua-Energie, dem Prosonodo-Licht und den zusätzlichen energetischen Mustern, die uns jetzt gebracht werden –, führen auf direktem Wege in die tiefen Wunder hinein. Dadurch wird sich jetzt inhaltlich viel an den Botschaften verändern!

Chamuel: Wenn man Angst vor der Magie hat ...

Sangitar: ... dann ist man Magier! (Es wird gelacht.)

Chamuel: Was können wir tun, um die Magie dennoch in unseren Alltag zu integrieren, in die heutige Zeit wieder mit einzubinden?

Sangitar: Die Geistige Welt sagt immer – und das hört sich jetzt so banal an, aber wie du weißt, sind Gottes Botschaften einfach: Das, was wahrscheinlich am meisten hilft, ist, wenn ihr das Prosonodo-Licht und die Eleua-Energie in euch aufnehmt. Wenn ihr dies immer wieder tut, erzeugt dies eine Energie des Vertrauens. Wenn ihr euch aus dieser Energie des Vertrauens der Magie zuwendet, dann werdet ihr auch die Angst verlieren.
Mir ist bewusst, dass dies für viele nicht so einfach ist, aber es gibt einfach einen Schritt, den jeder Mensch für sich alleine gehen muss. Da kann dir keiner helfen. Dies erfordert Mut. Die Magie fordert immer Mut, weil es eine machtvolle Energie ist. Ich glaube einfach, es wäre eine gute Möglichkeit, sich eingehüllt in die Energie von Jesus dafür zu entscheiden, sich nicht seinen Ängsten hinzugeben! Auch bei der Magie gilt: So, wie es für dich zu diesem Zeitpunkt richtig und gut ist!

Chamuel: Also, sollte ich heute ein magisches Ritual vollziehen wollen und ich hätte dabei etwas Angst vor dieser mächtigen Energie, wäre es gut, zuvor noch die Eleua-Energie zu rufen?

Sangitar: Ja, genau! Deswegen war es ja Jesus und den 36 Hohen Räten so wichtig, bevor der große Informationsfluss geöffnet und die starken Energien der Priesterschaft weitergegeben werden, dass erst einmal die Eleua-Energie Einzug hält. Das war wirklich von großer Wichtigkeit!
Außerdem ist wichtig, auch mit deiner Seele zu sprechen. Die Oberflächenenergie der Seele ist so oft mit Zweifeln besetzt und

möchte transformiert werden. Deswegen einfach immer wieder mit der Seele sprechen, damit sich der Zweifel transformiert und sich das Vertrauen ausdehnt. Sich voller Vertrauen öffnen für das, was kommt – das ist ebenfalls sehr wichtig!

Chamuel: An'Anasha!

Sangitar: An'Anasha!

Lentos
und der Beginn des Goldenen Zeitalters

Kapitel IV

SHELDRAK

Die Vereinigung der vier Zeitepochenebenen

Ich bin Sheldrak. Ich bin der Bote Gottes. Ich bin der Verkünder. Ich bin, was ich bin – eine Gottheit des Universums. Meine Wesenheit ist voller unermesslicher Liebe, voller Kraft und Stärke und mit diesen Worten möchte Sheldrak dich erneut begrüßen: Omar Ta Satt!
In der Jetzt-Gegenwart, in dieser Zeit beginnt auf eurem Planeten eine neue Zeit: eine Zeit der Erkenntnisse, aber auch eine Zeit und Energie, die erfordert, dass du mit deinem hohen Bewusstsein in der Lage bist, umzudenken – umzudenken in die Richtung der Neuzeit. Was dies beinhaltet, wird dir Sheldrak jetzt als Botschaft übermitteln.

Nichts geschieht zufällig! Die 36 Hohen Räte des Lichtes haben mithilfe der Pioniere der golden-blauen Frequenz die Tore von Lentos geöffnet und somit die Energie in das Goldene Zeitalter überfließen lassen, sodass sich vereinigen kann, was vereinigt gehört.

Denn nur durch diese Vereinigung kann der eine Vollkommene Ton erklingen und der Wendepunkt der Dimension erreicht werden! Sheldrak übermittelt dir die Botschaft der Liebe, des Friedens, der Weisheit und der Erkenntnis! Denn du bist geboren worden, um hier dabei zu sein – mit deinem göttlichen Kern, mit deiner Seele, mit deinem Dasein –, um diese neue Zeit zu erkennen und dem Planeten dienlich zu sein.
So höre die Worte von Sheldrak, die dich tief in deiner Seele berühren sollen. Wenn Sheldrak Botschaften übermittelt, schwingt eine hochenergetische Energie in diesen Botschaften. Sie weitet und dehnt dich aus. Uns ist es wichtig, dass du verstehst – nicht mit dem Verstand, sondern mit dem Herzen!
Wie du weißt, gibt es die energetische Einteilung von der körperlichen und der emotionalen Ebene, der mentalen und der spirituellen Ebene. Das persönliche Erwachen beinhaltet, dass sich alles miteinander vereint und der Mensch tief in sich spürt, wie göttlich er ist und wer er ist. Dieser Prozess muss auch im Kollektiv – in der Gesamtenergie des Planeten – vollzogen werden! Nur wenn dies geschieht, kann sich der Dimensionswechsel vollziehen!

Sheldrak wird dir berichten und dir die Botschaften übermitteln, was die Energien, die Vereinigung und der Vollkommene Ton bedeuten: Gehen wir zurück nach Lemurien. Dort waren die Wesen körperlos. Lange Zeit haben diese Wesen, die heutigen Lichtarbeiter, ohne einen Körper gewirkt – mit der ganzen Liebe, mit der Essenz der Göttlichkeit.
Doch es hat sich eine Energie gebildet, die – wie du weißt – als die Dualität bezeichnet wird. So wird Lemurien als die körperliche Ebene betrachtet. Ohne Körper, als du noch Licht warst, hast du mit deiner ganzen Essenz in einem sehr langen Zeitraum gewirkt. In Lemurien musstest du dich daran gewöhnen, dass sich um deine Seele eine feste Materie gebildet hat.

Wir gehen zurück zu der Zeitepoche Atlantis. Dies ist vielleicht mit dem Verstand schwer nachzuvollziehen, doch höre die Worte von Sheldrak: Atlantis wird als die spirituelle Energie und die spirituelle Zeitepoche benannt. Die Menschen in atlantischen Zeiten waren hochspirituell. Sie kannten keinen spirituellen Zweifel, doch die Energie des Luzifers machte ihnen zu schaffen.
Sehr viele spirituell hochentwickelte Wesen haben sich zu der Dunkelheit und der Macht Luzifers bekannt. Die Zeitepoche Atlantis war für das gesamte Universum eine allumfassende und auch sehr komplexe Zeitepoche, denn es war nicht sicher, ob Gott wieder einatmen würde. Die Luziferenergie war in atlantischen Zeiten enorm machtvoll. Viele haben sich für diese dunkle Macht entschieden und dennoch waren sie sehr spirituell.

Gehen wir zurück zu der Zeitepoche Avalon. Avalon wird als die emotionale Energie und die emotionale Ebene bezeichnet. In dieser Zeitepoche ging es darum, Freiheit zu erlangen und die menschliche Liebe wiederzufinden, das Herz und die Seele zu öffnen und somit in die Freiheit zu gehen. Die Tore von Atlantis und die Tore von Avalon sind bereits geöffnet und für viele Lichtarbeiter waren diese Energien sehr spürbar, als sie sich mit den Jetzt-Energien des Goldenen Zeitalters vereinten.

Lentos wird als die mentale Ebene und die mentale Energie bezeichnet, denn die Verkünder von Lentos mussten – so, wie du heute im Goldenen Zeitalter – beginnen, umzudenken. Sie waren emotional und spirituell sehr ausgereift. In Lentos, in dieser Zeitepoche, war es notwendig, all das alte Wissen, auf das die Verkünder zurückgreifen konntet, zu vergessen, um neue Muster und Spuren zu legen. Muster und Spuren, die bedeuten, alles zu verstehen – aber nicht mit dem Verstand, sondern mit dem Herzen. Als die Tore von Lentos geöffnet wurden, hat die mentale Energie den mentalen Geist der Menschen erreicht. Immer wieder haben wir in den Botschaften darauf hingewiesen, wie wichtig es ist, sich aus dem kollektiven Gedankengut zu befreien. Die mentale Energie wird dir jetzt sehr hilfreich sein und dir zeigen, was es bedeutet, sich aus dem kollektiven Denken der Menschen herauszuziehen und alle Energien miteinander zu vereinigen.

Das Goldene Zeitalter, in dem ihr Menschen euch befindet, hat die Aufgabe, alle diese Energien miteinander zu vereinigen, um so ein großes Vereinigtes Chakra herzustellen. Wenn sich dieses Vereinigte Chakra in dem Bewusstsein von Lady Shyenna ausdehnt, wird der Vollkommene Ton erklingen und der Aufstieg wird sich vollziehen.
In jeder Zeitepoche hat es besondere Energien gegeben. In jeder Zeitepoche haben die hohen Lichter ein Erbe hinterlassen. Das höchste Geschenk, das Lentos für dich beinhaltet, ist das Prosonodo-Licht von Jesus Christus. Es ist das lebende Sterntetraeder der Christusenergie. Es enthält die gesamte Erlösungsenergie. Das Prosonodo-Licht ist das Sterntetraeder, das sich als erstes zeigen wird, wenn der Vollkommene Ton erklingt. Es ist gleichzeitig eine lebende Merkaba für Jesus Christus.

Das Umdenken hat schon begonnen. Sheldrak übermittelt dir, dass sich Jesus Christus in einer bestimmten Zeit beim Dimensionswechsel in dieses Sterntetraeder, in das Prosonodo-Licht, begeben wird, um bei dem Aufstieg mit euch Menschen zu sein. Das Prosonodo-Licht ist das größte Geschenk der Zeitepoche von Lentos! In einem Aspekt von dir befindet sich ein Christustropfen. Dieser wird durch das Einströmen des Prosonodo-Lichtes noch kraftvoller wirken und deine Merkaba wird angehoben, ausgedehnt und mit dem Atem Gottes verknüpft.

Mehr über das „Vereinigte Chakra" findest du auf Seite 251.

Während jetzt deine Merkaba an den Atem Gottes angepasst wird, wirst du gleichzeitig auf allen Ebenen geerdet. So bittet dich Sheldrak, deine Hände auf deine Beine zu legen.

(Nimm dir für diese Energieübertragung etwas Zeit.)

So ist es geschehen.

Nun werden von den hohen Lichtern der Liebe Ausrichtungen durchgeführt. Während dies geschieht, hat Sheldrak die Aufgabe übernommen, noch eine Botschaft zu übermitteln, die für alle Lichtarbeiter von großer Bedeutung ist.
Sheldrak möchte mit dir darüber sprechen, dass es keine Besetzungen in deinem Lichtkörper mehr gibt. Das, was viele Menschen wahrnehmen, sind Anhaftungen von kollektiven Energien und jeder Mensch hat die Möglichkeit, sich zu reinigen. Diese Anhaftungen von kollektiven Energien können unangenehm sein, aber sie sind keine Besetzungen! Den 36 Hohen Räten ist es sehr wichtig, dass die Menschen das erfahren!
Vertraue auf die Worte der hohen Lichter! Vertraue darauf, dass die 36 Hohen Räte des Lichtes, dass die hohen Lichter der Liebe die Wahrheit und die Wirklichkeit übermitteln. So wie es Kryon immer wieder gesagt hat: Die Wahrheit sucht sich ihren Weg!

Sheldrak möchte noch einmal darauf hinweisen, wie wichtig es ist, zu verstehen, dass sich die Energien aus den verschiedenen Zeitepochen miteinander verbinden und ein großes Vereinigtes Chakra entsteht und sich ausdehnt, damit Lady Shyenna den Vollkommenen Ton preisgibt und sich der Aufstieg vollziehen kann.

Die Entstehung des spirituellen Zweifels

Mit jeder Botschaft, mit jedem Wort, das Sheldrak durch das Medium zu dir fließen lässt, fließt Erwachungsenergie – die tiefe Erkenntnis zu fühlen, wer du in Wirklichkeit bist. Sheldrak verkündet dir die unermessliche Liebe, indem er dir die Botschaften der Zeitepoche Lentos übermittelt.

Lentos war eine Verkünderepoche und viele Lichtarbeiter waren selbst diese Verkünder. Und was – wirst du dich fragen –, was wurde in dieser Zeitepoche verkündet? Wurde nicht in jeder Zeitepoche verkündet? Um dies zu verstehen, muss man zu den wichtigsten Zeitepochen zurückgehen.
Natürlich wurde auf verschiedene Art und Weise in jeder Zeitepoche verkündet. Doch Lentos war eine sehr besondere Zeitepoche, denn es gab eine Zeit in Atlantis, in der es – wie du weißt – nicht sicher war, ob der Planet erhalten werden kann oder ob Gott einatmet; denn zu viele hatten sich in dieser Zeitepoche der dunklen Macht zugewendet. Als Atlantis hinweggespült wurde, begannen die hohen Lichter, die Menschen, zu beten. Sie beteten das Gebet der Liebe, denn sie waren sich bewusst, dass Gott selbst diese Gebete erhört.

So wurde beschlossen, dass Gott weiteratmet. Doch musste etwas geschehen, was für den Planeten einzigartig war, um dies überhaupt möglich zu machen, denn der Planet brauchte eine gewisse Energie, um überhaupt weiterexistieren zu können. Da das ganze Erste Zentrale Universum ein großes Experiment und somit ein großes Spiel ist, wurde gestattet, dass der Planet unter bestimmten Umständen, wenn sie erfüllt werden, weiter bestehen kann. Die Einzigartigkeit bestand nun darin, dass eine besondere Energie erschaffen werden musste, damit dies geschehen konnte.

Und so ist etwas geschehen, das in der gesamten Zeitgeschichte nur ein einziges Mal geschehen ist: Gott selbst hat aus dem göttlichen Gedankenfeld einen Samen aus sich heraus geboren – genannt Jesus! In Lentos wurden Vorbereitungen getroffen und die Verkünder und die Boten Gottes in der Zeitepoche Lentos hatten die Aufgabe, zu verkünden, dass Gottes Sohn auf dem Planeten, auf Sol'A'Vana geboren wird.
Dies war in dieser Zeitepoche eine sehr, sehr schwierige Aufgabe. Obwohl die Menschen sich spirituell bewusst waren, war die Liebe in ihren Herzen noch nicht so ausgereift wie heute im Goldenen Zeitalter. Und die Verkünder hatten es schwer, diese Botschaft unter den Menschen zu verbreiten. Dies war die Aufgabe in Lentos.

In eurer Zeit in der Dualität wird immer von Zahlen und Zeitspannen geredet. Doch du kannst dir nicht wirklich vorstellen, wie lange und wie viel Zeit es gebraucht hat, die Geburt von Jesus Christus zu verkünden. Die golden-blaue Frequenz und viele andere Frequenzen haben den Verkündern vertraut und durch dieses Vertrauen entstand etwas, was in eurer Dualität als „der Stern von Bethlehem" beschrieben wird.
In Wirklichkeit ist es das Prosonodo-Licht! Das Prosonodo-Licht ist das lebende Netz, das Sterntetraeder des Christus. Es ist mit allen Aspekten angebunden am göttlichen Gedankenfeld. Dieses Prosonodo-Licht ist die lebende Merkaba von Jesus Christus und sie wurde für einige Frequenzen und für viele, viele Menschen, die sich öffneten, sichtbar.
Viele, viele Menschen fühlten sich berufen. Sie spürten den Drang in ihrer Seele, diesem Stern, diesem Prosonodo-Licht zu folgen; denn sie wussten, dass dies eine ihrer Aufgaben war, sich dorthin

zu begeben, wo der Sohn Gottes geboren wird. So kam es, dass vielerlei Frequenzen – zwölf Frequenzen – sich mit vielen Menschen auf den Weg begaben, um die Einzigartigkeit – die Geburt des Christus – mitzuerleben.

Wir überspringen jetzt eine sehr, sehr lange Zeitspanne, denn dein Verstand kann nicht begreifen, wie lange Menschen in ihrem Körper wohnten, ohne ihn zu verlassen. Und viele aus der golden-blauen Frequenz, aber auch viele aus anderen Frequenzen erlebten so die Geburt von Jesus. Die Hohen Räte des Lichtes haben den Samen Gottes in das Prosonodo-Licht gebettet und so inkarnierte Jesus auf Sol'A'Vana in einer tiefen, tiefen Dualität.
In einem tiefen Schleier des Vergessens wusste er nicht, wer er war. Doch Jesus hat sich im Laufe der Zeit erkannt. Er ist erwacht und wusste, wer er war. Er wusste, welche Aufgabe er in sich trug, und er wusste, dass diese Aufgabe keine leichte Aufgabe sein würde. Dennoch hat Jesus mit voller Hingabe, mit allem, was er ist, den Dienst auf Sol'A'Vana für die Menschen verrichtet.
Denn er wusste, dass er die Erlösungsenergie auf den Planeten und zu den Menschen bringen muss, damit der göttliche Vater, das göttliche Gedankenfeld weiteratmet; damit der Planet sowie die Menschen leben können; damit es zu dem planetaren Aufstieg kommen kann, von dem immer gesprochen wird.
All das, was ihr Menschen auf Sol'A'Vana in verschiedenen Schriften lesen könnt, besagt, dass Jesus Jünger hatte, die ihn auf seinem Weg begleiteten. Natürlich begleiteten Menschen Jesus auf seinem Weg, doch die zwölf Jünger waren in Wirklichkeit zwölf verschiedene Frequenzen – und in jeder einzelnen Frequenz wirkten viele Menschen für Jesus, für die Kraft, für das große Ganze.

Doch es kam etwas, was nicht geplant war: Eine Frequenz verriet Jesus. Dies traf Jesus in die Tiefste seiner Seele und für einen

Augenblick hat Jesus an den Menschen gezweifelt. Er zweifelte, ob es richtig ist, dass Gott weiteratmet – doch es war nur ein Augenblick. Doch in diesem Augenblick ist etwas geschehen, was von bedeutsamer Wichtigkeit für das Goldene Zeitalter, für die Jetzt-Gegenwart ist.
In diesem einen Augenblick, indem Jesus gezweifelt hat, ist der spirituelle Zweifel entstanden. Der Same des Zweifels hat sich in die Seelen der Menschen gelegt und so konnte Jesus sein Werk nicht vollenden. In seiner tiefen Liebe hat er dieser Frequenz verziehen. Er hat sie wieder in den Status des Lichtes erhoben, aber dennoch konnte er sein Werk auf Sol'A'Vana nicht vollenden.

Sangitar war es überaus wichtig, eine Antwort auf eine Frage zu bekommen. Sie fragte mich: „Aber es hat doch in anderen Zeitepochen auch Zweifel gegeben?" Die Antwort darauf ist eindeutig und voller Klarheit: Einen spirituellen Zweifel hat es in anderen Zeitepochen niemals gegeben. Denn du musst wissen, dass in den wichtigen Zeitepochen die Menschen hochspirituell gewesen sind.
Es gab keinen Zweifel daran, ob es einen Gott gibt, Engel oder lichte Wesen. Doch die Luziferenergie war in jener Zeit sehr stark und sehr dicht und in allen Zeitepochen war es immer eine bewusste Entscheidung eines Menschen, sich entweder der Dunkelheit oder dem Licht zuzuwenden. Viele haben sich der Dunkelheit zugewendet, weil sie dadurch an Macht gewonnen haben. Doch den spirituellen Zweifel – so, wie er sich heute zeigt – gab es zu diesen Zeitepochen nicht.

Jesus Christus ist seinen Weg bis zum Ende gegangen. Er hat so viel Erlösungsenergie auf den Planeten und zu den Menschen gebracht, dass Gott weitergeatmet hat. Wenn Jesus heute durch das Medium spricht und er dich in deiner Seele berührt, will er dir in die Augen schauen und sagen: „Durch dich wird mein Werk vollendet!"; er will damit sagen: „Du bist auserwählt, weil du keinen Zweifel in dir trägst!" Wenn Jesus zum Kollektiv spricht und sagt: „Durch euch wird mein Werk auf Sol'A'Vana vollendet!", bedeutet es, dass er dich mit seiner unermesslichen Liebe daran erinnern möchte, dass dies eine Zeit ist, in der der Zweifel beiseitegelegt werden soll.

Das Goldene Zeitalter – gerade diese Jetzt-Zeit – ist eine Zeit, in der der Verstand beiseitegelegt werden soll. Viele Menschen brauchen eine Erklärung für ihren Glauben, für ihre Hoffnung – sie wollen Beweise. Doch dieses Zeitalter, diese Gegenwart ist ausgerichtet auf die Liebe und auf das Vertrauen, auf das Öffnen der Herzen! Viele Lichtarbeiter von heute haben Jesus begleitet. Erinnere dich, wie er dich berührte und die Erlösungsenergie übertragen hat. Lasse das Werk von Jesus sich vollenden!

Es ist wichtig, dass du die Worte des Sheldraks über den Zweifel verstehst, denn Sheldrak spricht von dem spirituellen Zweifel. Für die hohen Lichter, für Sheldrak, für die 36 Hohen Räte des Lichtes bedeutet Zweifel nicht das, was du im ursprünglichen Sinne als Zweifel bezeichnest – denn meist zweifelst du an dir selbst. Sheldrak bittet dich mit aller Kraft und Stärke, mit dem energetischen Muster, das hinter diesem Wort steht: Lasse alle deine Zweifel beiseite, denn sie tragen dich von dem Eigentlichen weg und binden dich an die Dualität.

Die hohen Lichter, die 36 Hohen Räte werden dir noch vieles berichten, was es für dich bedeutet, frei zu sein, selbstbestimmt und voller Glück, denn im Hier und Jetzt möchte Sheldrak es mit kraftvoller Deutlichkeit zum Ausdruck bringen: Niemals gab es einen strafenden Gott! Das göttliche Gedankenfeld, die

Thronenengel, die Engel und lichten Wesen im Universum, die euch Menschen begleiten, sie wollen, dass du erkennst, welche göttliche Macht du in dir trägst und was du damit in deinem Leben erreichen kannst!
Es ist dein Leben, dein Wille, deine Entscheidung! Wir wollen – gleich, welchen Weg du in deiner Spiritualität auch wählst –, dass du dich von alten Mustern befreist, die dich an etwas anbinden, das dir nicht dienlich ist. Zu verstehen, was Freiheit bedeutet, ist etwas ganz anderes, als zu fühlen, was Freiheit bedeutet – denn wenn du frei bist, ist alles möglich!

Die Energie von Jesus Christus ist jetzt in diesem Moment sehr spürbar bei dir und wenn du jetzt dein Herz öffnest, wird dich Jesus berühren. Er wird dir zuflüstern: „Lasse mich dich berühren, damit mein Werk auf Sol'A'Vana vollendet werden kann."

Diese Botschaften sind von großer Wichtigkeit und tiefer Bedeutung! Und Sheldrak sagt dir: Die Wahrheit sucht sich ihren Weg! Und so wird es sein, wie es ist. Und mit diesen Worten verabschiedet sich die Gottheit Sheldrak in dem Wissen, dass du diese Energien mit offenem Herzen aufgenommen hast und du durch dieses Channeling eine Stufe des Bewusstseins emporgestiegen bist.

A ni o'heved o'drach!

An'Anasha!

JESUS CHRISTUS

Die Vollendung meines Werkes

Im ewigen Gotteslicht bin ich der Sohn Gottes. Ich bin Jesus, der Christus, und ich spreche zu dir mit der Liebe, die so allumfassend ist, wie das Gotteslicht selbst. Für Jesus ist es etwas ganz Besonderes, dass du diese Botschaft vernimmst, denn sie hat für mich eine tiefe Bedeutung. Damit du dies besser verstehen kannst, lasse dir erklären, dass das göttliche Gedankenfeld eine Projektion erschaffen hat, die sich als „Lord Sananda“ benennt. Jesus, der Christus, bekennt sich zu der Christusenergie, zu der Frequenz seiner selbst – doch Jesus ist Gottes Sohn.

Geboren aus dem göttlichen Gedankenfeld meines Vaters heraus, bin ich als Licht erschaffen im Prosonodo-Licht in die Dualität gegangen und wurde ein Mensch. In meinem Dasein habe ich vieles erfahren und erkennen dürfen. Vieles davon wurde dir schon berichtet. Ich durfte diesen Weg des Erwachens gehen, habe mich selbst als Sohn Gottes erkannt und habe mich somit auch zu meiner Aufgabe bekannt.

Ich ging einen Weg der Bekenntnis und der allumfassenden Liebe. Viele Menschen haben mich auf diesem Weg begleitet. So wurde alles für den Wechsel der Dimension vorbereitet. In meinem Erwachtsein, in meiner unermesslichen Liebe, doch auch in meinem Menschsein war ich – genau wie du – sehr sensitiv und sehr verletzlich. Auch ich spürte manchmal eine Zerrissenheit. Doch die Menschen, die mich begleitet haben, haben mich emporgehoben. Sie haben mich getröstet – sie haben mir vertraut. Das Licht in mir konnte leuchten – aus all meinen Poren stieg die Energie meines Vaters empor.

Doch dann wurde ich verraten. Ich wurde verraten und habe einen Augenblick – nur einen Atemzug – daran gezweifelt, ob es für die Menschen gut ist, wenn sie auf diesem Planeten weiterleben, denn ich kenne die Glückseligkeit von der göttlichen Quelle. Dieser eine Atemzug hat bewirkt, dass ich mein Werk nicht vollenden konnte.

Ich habe viele Menschen berührt. Ich habe auch dir in die Augen gesehen, in deine Seele geblickt und habe dich gebeten, mein Werk auf Sol'A'Vana zu vollenden. Nun ist die Zeit gekommen, denn die Tore von Lentos wurden geöffnet – dort, wo einst alles begann. In diesem Prosonodo-Licht ist die Energie der Vollendung enthalten. In diesem Prosonodo-Licht sind all jene Energien von allen Menschen, die es mir ermöglicht haben, meinen Weg zu Ende zu gehen.
Wenn Jesus als Jesus spricht, drückt er damit seine persönliche Liebe zu dir aus. Jesus drückt damit aus, dass du es bist, der das vollendet, was mir nicht möglich war! Dafür möchte ich dir jetzt und hier all meine Liebe schenken und ich verspreche dir: Solltest du während der letzten Phase des Aufstieges einmal zweifeln, so werde ich vor dir stehen – wie du einst vor mir – und ich werde sagen: „Vertraue, denn du bist wie ich!“ – und unsere Herzen und Seelen werden sich berühren. Durch diese Begegnung wird möglich gemacht, was geschieht.

Es ist für Jesus sehr bewegend und da Worte nicht ausreichen, dir zu sagen, was es für mich bedeutet, dass es dich gibt, werde ich mich mit den Worten – A ni o´heved o´drach – von dir verabschieden. Wir werden uns wiedersehen.

An'Anasha!

SABINE SANGITAR

ÜBER DEN SPIRITUELLEN ZWEIFEL UND DAS VERTRAUEN

Sangitar: Liebe Leser! Für diese Botschaften und Informationen ist es wirklich wichtig, mit dem Herzen zu verstehen!

Als Jesus ins Universum zurückging, war das der Wendepunkt. Danach war viel Zeit und Kraft für die Vorbereitungen notwendig, damit nun in unserer Zeit der Aufstieg vollzogen werden kann! Der Wendepunkt war der Beginn dafür, dass ihr Lichtarbeiter von der golden-blauen Frequenz euch kristalline Strukturen eingebettet und später dann auch die Drachen- und Einhornenergie abgegeben habt, da ab einem bestimmten Zeitpunkt klar war, dass unser Planet Sol'A'Vana nur mit Vertrauen zurückkehren kann – nicht mit spirituellem Wissen oder mit der Fähigkeit, mit der Merkaba zu reisen. Und weil ihr das wusstet, habt ihr euch selbst die kristallinen Strukturen eingebettet.

Wenn die Geistige Welt davon spricht, dass Strukturen, die euch jetzt nicht mehr dienlich sind, losgelassen werden können, meint sie genau das. Doch zu dem damaligen Zeitpunkt war das Einbetten der kristallinen Strukturen ganz wichtig, denn es hat eine bestimmte Energie des Vertrauens gebraucht, weil Jesus gezweifelt hatte. Deshalb habt ihr euch sozusagen selbst verschlüsselt. Durch das Vertrauen musste und konnte eine bestimmte Grundenergie wieder aufgebaut werden. Dieses ging von 1728 göttlichen Menschen aus, die sehr nah um Jesus waren.
Vorher hattet ihr natürlich eine spirituelle Kraft und ein Wissen aus atlantischen Zeiten. Dort habt ihr multidimensional gewirkt und

euch in einem Körper erneuert. Erst ab einem gewissen Zeitpunkt hat das aufgehört. Nun sind wir dabei, dieses wiederzuerlangen. Euch, den höchsten Avataren auf dem Planeten, war klar, dass es nur mit Vertrauen geht. Deshalb habt ihr euch in tiefster Liebe und Absicht diese Strukturen eingebettet. Je mehr Liebe, desto mehr Strukturen habt ihr euch eingebettet. In der jetzigen Inkarnation kommt alles, wirklich alles – von Anbeginn der Zeit bis heute – zusammen. Macht euch bewusst, was ihr da an Loslassen, an Auflösen und an Freimachen meistert! Wir sind schon sehr weit und doch geht es noch weiter. Es werden weitere Grenzen geöffnet, die wir uns selbst gesetzt haben. Deshalb sind wir heute hier auf Sol'A'Vana.
Ihr habt so vieles aus Liebe und tiefster Absicht getan. Ihr habt gewirkt und doch seid ihr oft so streng mit euch selbst, wenn mal etwas nicht funktioniert. Das ergibt keinen Sinn. Natürlich kann ich es verstehen, doch ist diese Strenge nicht nötig. Wenn ihr euch selbst gegenüber so tolerant wärt wie eurem Nachbar gegenüber, dann wäre alles leichter. Aber sich selbst gegenüber ist man immer am strengsten.

Es gibt einen kollektiven Lichtkörper der golden-blauen Frequenz. Dieser sieht bei den verschiedenen Treffen wie zum Beispiel bei den Pionierabenden, Sol'A'Vana-Abenden oder Kryonfestivals unterschiedlich aus. Es gibt einen kollektiven Lichtkörper und es gibt einzelne, persönliche Lichtkörper. Da wir eine Art Gemeinschaft sind, spiegelt sich in dem kollektiven Lichtkörper auch wider, dass das Loslassen von kristallinen Strukturen, Gelöbnissen und Versprechungen so schwer ist.
Ein Einzelner kann schon frei davon sein. Doch weil ihr zur golden-blauen Frequenz gehört, seid ihr auch Teil des kollektiven Lichtkörpers und könnt deshalb noch Strukturen spüren. Doch manchmal unterstützt dieser auch den persönlichen Prozess

des Loslassens. Das ist eine Wechselwirkung. Denn wenn der kollektive Lichtkörper bereit ist, etwas aufzulösen, dann wird es auch manchmal bei einem Einzelnen aufgelöst.

Nach dem Höhepunkt des Aufstieges beginnt die Anpassungsphase und diese wird sich in ihrer Energie steigern. Dort wird das Bewusstsein noch weiter ausgedehnt. Vielleicht könnt ihr euch das nicht vorstellen, weil ihr euch vielleicht denkt, dass ihr an diesem Punkt alles erreicht haben werdet und das Leben perfekt sein wird. Doch ihr tragt auch weiterhin die Sehnsucht in euch, euch weiterzuentwickeln. Es wird neue Fragen geben, neues Bewusstsein, neue Ausdehnung, neue Aufgaben und in diesen neuen Aufgaben wird es natürlich auch wieder Herausforderungen geben – doch nicht so wie in der Dualität.

Ich möchte an dem Beispiel von den letzten Channelings noch einmal darauf eingehen, warum bestimmte Informationen erst zu bestimmten Zeitpunkten gegeben werden.
Es ist so, dass die Geistige Welt euch genau so sieht, wie ihr seid: völlig stark im Licht und im Abstrahlen eurer Energie – viel mehr, als jeder Einzelne es von sich selbst denkt. Wenn Jesus euch vor einem Jahr diese Botschaft gegeben hätte, hätte das große Auswirkungen haben können. Deshalb werden solche Informationen zurückgehalten. Es hätte deshalb Folgen haben können, weil die Geistige Welt weiß, was es in euch auslösen kann; welche Energieschübe es in euch auslösen kann. Diese gebt ihr an Lady Shyenna und an andere Menschen weiter. Deswegen werden diese Informationen erst zum gegebenen Zeitpunkt preisgegeben.

MUTTER MARIA

Die Befreiung von anhaftenden Mustern

Ich bin Mutter Maria. Mit so viel Liebe, die ich für dich empfinde, wende ich mich dir zu und begrüße dich mit den Worten: Omar Ta Satt!

Es sind bewegende Zeiten, denn die Weiße Priesterschaft wurde zur Vollendung geführt. Durch so viele Zeitepochen, Inkarnationszyklen bist du gereist und hast dir die tragendsten Kräfte und Fähigkeiten eingesammelt. Durch die Weiße Priesterschaft wurden sie vereint. Das ist ein Weg der Befreiung. Durch die Krönung von Shen'A'Maa werden diejenigen, die sich gerufen fühlen, Wellen von Menschen erreichen, um mit ihren Fähigkeiten für sie zu wirken. Eine enorme Kraft hat sich dadurch freigesetzt. Und doch gibt es etwas in dir, in deiner Seele, was dich manchmal traurig macht, dich schmerzt und es scheint fast, als hättest du Schuldgefühle. Du weißt nicht, warum. Du kannst es nicht erklären. Manchmal projizierst du es auf irgendeine Begebenheit, doch es ist etwas anderes.

Ich wurde auserwählt, dich hiervon zu befreien. Denn dieser Schmerz und dieses Gefühl von Schuld, das du manchmal fühlst, hat mit der Inkarnation von Jesus zu tun. So viele von euch aus der golden-blauen Frequenz sind mit Jesus den Weg gegangen, haben sein Erwachen erlebt, die Wunder, die er vollbracht hat. Eine tiefe Liebe, die sich gestaltet hat, während dieser Zeit. Jesus der Hoffnungsträger, Gottes Sohn, der die Erlösung gebracht hat. Und dann wurde Jesus verraten und mit einem Atemzug hat Jesus

gezweifelt. Durch diesen Zweifel hat sich vieles verändert. Es war nicht möglich, den Planeten nach Hause zu holen. Und so hat sich Jesus an euch Lichtarbeiter gewandt, euch versammelt und euch gebeten, sein Werk auf Sol'A'Vana zu vollenden.
Viele von euch haben Jesus bei seinem letzten Gang begleitet. Viele von euch haben gesehen – sein Leid, seine Tränen, seinen Schmerz. Und da die Verbundenheit und die Liebe zu Jesus so groß waren, haben so viele von euch diesen Schmerz und dieses Leid auf sich genommen. Und viele haben das Gefühl, sie hätten etwas verhindern können. Viele mussten mit ansehen, was geschah.

Und auch, wenn kein Einziger etwas hätte tun können, war es doch für so viele von euch so schlimm, es anzusehen. Die meisten von euch hatten keine Zeit zum Trauern. Und manchmal, wenn du das unbestimmte Gefühl in dir trägst, dass du traurig bist; dass du Schmerz fühlst und irgendwie – aus einem Grund, der nicht gerechtfertigt ist – auch Schuld fühlst, dann hat es damit zu tun. Denn es war wohl das prägendste Ereignis all deiner Inkarnationen, Jesus zu sehen, wie er weinte und sich in einem Moment so verlassen fühlte. Denn auch wenn er Gottes Sohn war, war er auch Mensch und hat gefühlt wie du. Doch er gab sein Leben, damit das Leben weiter bestehen kann. Er gab sein Leben, damit das Leben weiter bestehen kann.
Denn nur durch eure Treue und Liebe hat Gott Vater das Spiel nicht beendet und nicht eingeatmet. Denn Jesus sagte: „Vater, sie werden mein Werk vollenden. Sie werden sich erinnern. Sie werden mich nicht vergessen. Sie werden mich lieben und es wird eine Zeit kommen – wenn das Werk vollbracht ist –, ich im Seelenlicht wieder erscheinen werde. Sei voller Gnade."

Und die Gnadenenergie hat sich ihren Weg gesucht – in die Herzen der Menschen. Es sind genau diese Menschen, die in

dieser Inkarnation manchmal so viel Schmerz und Traurigkeit fühlen. Es sind aber auch diejenigen, die voller Vertrauen sind. Es sind die Menschen, die sich versammeln; die in ihrem Herzen und in ihrer Seele fühlen und bereit sind, das zu tun, was sie einst versprochen haben.
Es sind nicht die Menschen, die mit ihrem Verstand alles verstehen wollen. Es sind nicht jene, die urteilen. Es sind nicht jene, die Veränderungen nicht zulassen wollen. Es sind die Herzensmenschen, die mit dem Herzen erfassen! Für diese Menschen ist es gar nicht wichtig, alles mit dem Verstand nachvollziehen zu können. Ihnen ist alleine wichtig, dass sich das Werk von Jesus auf Sol'A'Vana vollenden kann!

Und bevor du befreit wirst von dem Schmerz, den du aus jener Inkarnation in dir hast, wird Jesus ein paar Worte an dich richten:

Mein liebstes Menschenkind, mein liebstes Menschenkind. Ich, Jesus, spreche zu dir die Worte. Ich spreche zu deiner Seele.

Als ich auf Sol'A'Vana war, kam ich als Retter und als Erlöser und war Gottes Sohn. Doch jetzt bist du der Retter! Du bist der Erlöser! Du bist das göttliche Licht! Du trägst mich in dir!

Sieh mich an. Blicke zu mir und sieh meine Augen und höre die Worte: Lasse los von diesem Schmerz, von der Traurigkeit von einst! Du bist frei, denn du bist voller Liebe!

Du hast an mich geglaubt. Du hast mich begleitet und mir den höchsten Liebesdienst überbracht. Auch, wenn ich gerne länger geblieben wäre, so weiß ich, dass mein Werk in euren Händen gut aufgehoben ist. Ich weiß, dass du alles tun wirst, sodass sich unser gemeinsames Werk auf Sol'A'Vana vollendet.

Ich weiß, was es dir bedeutet und wie viel Schmerz es war, mich leiden zu sehen. Doch es ist wichtig, dass du frei wirst und die Glückseligkeit aufnimmst – in der Gewissheit, dass ich dir im Seelenlicht begegnen werde. Und jenseits deines Verstandes werde ich jetzt noch mal ein Wunder vollbringen – nämlich, dich zu befreien von dem Schmerz und von der Trauer!

Ich liebe dich so unermesslich!

JESUS

Ich bin bei dir

Ich, Jesus, ich spreche zu dir ganz persönlich: Lasse dir sagen, dass Wunder geschehen sind – in dir! Ich tröste dich, wenn du Trost brauchst. Ich trage dich über die Stolpersteine des Lebens. Ich reiche dir meine Hand und schenke dir meine Liebe!

Ich bin bei dir – bei Tag und in der Nacht. Ich wache über dich. Ich beschütze dich. Ich bin Gottes Sohn. Mit der leuchtenden Kraft meiner Selbst überreiche ich dir all das, was du dir wünschst und was du brauchst. Ich reiche dir meine Hand und gemeinsam gehen wir Schritt für Schritt in die höchste Bewusstseinsebene hinein. Ich bin, der ich bin, der ich immer war und immer sein werde. Als ich auf Sol'A'Vana war, trug ich auch Schmerz in mir, Traurigkeit. Doch du warst da – bei mir. Du hast mir deine Hand gereicht, mich getröstet. Du hast mir deine Liebe geschenkt. Du hast vertraut. Du hast mich begleitet, hast mit mir gelacht und geweint.
Ich spreche zu dir, mein liebes Menschenkind: Erinnere dich, wie es war, als ich dich berührte. Erinnere dich an die Momente, als ich

erwachte und wusste, welche große Aufgabe ich als Gottes Sohn auf Sol'A'Vana habe. Gemeinsam sind wir diesen Weg gegangen und gemeinsam gehen wir diesen Weg weiter.

Es ist nicht das Wissen, es ist nicht das Verstehen – es ist das Vertrauen, es ist die Liebe, die dich höher trägt, die dein Herz öffnet. Denn ein jeder Mensch liebt – vielleicht auf seine ganz eigene, persönliche Art. Manchmal kann man diese Liebe vielleicht gar nicht so spüren. Doch ich sage dir: Ein jeder Mensch auf diesem Planeten trägt die Sehnsucht in sich, lieben zu können und geliebt zu werden.

In dieser Zeit der Veränderungen ist es nochmals sehr viel wichtiger, zu fühlen. Wenn manche Menschen dich ausgrenzen, weil du dich spirituell entwickelst; weil sie nicht begreifen, was du da tust; wenn manche Menschen dich vielleicht sogar angreifen, dann verstehe – fühle –, dass diese Menschen ängstlich sind. Doch in ihrem Kern tragen auch sie diese Sehnsucht in sich.

Ein jeder Mensch sehnt sich nach Gerechtigkeit, nach Freude. Ein jeder Mensch sehnt sich nach Liebe und Geborgenheit. Ein jeder Mensch sehnt sich nach einer liebevollen Beziehung auf menschlicher Ebene. Und ein jeder Mensch sehnt sich danach, dass sein Leben einen tieferen Sinn hat.

Ihr setzt die Spuren. Ihr seid die Träger des Lichtes. Habt Mitgefühl für all jene, die noch nicht bereit sind, ihre Herzen zu öffnen. Denn du weißt, dass eine Zeit kommen wird, in der ein jeder Mensch auf diesem Planeten fühlen wird, dass er mehr ist als nur Mensch; dass es da etwas gibt in ihm, das leuchtet. Mit Gottes Atem Sol'A'Vana, mit dieser Strahlkraft der Energie wird sich vieles in der Dualität noch einmal verändern. Strukturen werden zusammenbrechen. Das Neue, das Gute und Kraftvolle hält Einzug. Ich reiche dir meine Hand.

An'Anasha!

MELEK METATRON

Die tragende Kraft des Aufstieges

Ich bin Melek Metatron. Ich bin das Auge Gottes und ich begrüße dich mit den Worten: Omar Ta Satt!

Die Tore von Lentos wurden geöffnet. Die Energie des Prosonodo-Lichtes hat Einzug gehalten. Diese Energie ist Träger des höchsten Lichtes von Jesus Christus. Diese Energie ist für das große Ganze sehr wichtig: Sie ist die tragende Kraft des Aufstieges, des Goldenen Zeitalters!

Doch ist es auch wichtig zu wissen, dass das Prosonodo-Licht jeden einzelnen Menschen verletzlicher und sensitiver macht. Es öffnet das Tor zu deinem Herzen. Es öffnet das Tor der Herzen aller Menschen. Doch viele Menschen empfinden dies als unangenehm, denn sie möchten stark sein, ohne Emotion und ohne Gefühl. Doch dir sage ich: Höre auf deine Gefühle, auf deine Seele! Höre auf das Pochen deines Herzens und erlaube dir, diese Sensitivität anzunehmen, und mache sie zu deiner vollkommenen Stärke – denn Sensitivität ist Stärke!
Mit dieser Stärke reiche den Menschen deine Hand. Schaue in die Augen der Menschen hinein und erkenne den Spiegel der Seele. Erkenne die Angst und die Traurigkeit, die hinter der Wut ist. Erkenne die Sehnsucht der Menschen nach Liebe, nach Verständnis. Reiche deinen Brüdern und Schwestern die Hand und erkenne: Ein jeder Mensch trägt das göttliche Licht!

Erkenne die tiefe Empfindsamkeit und lasse all diese Gefühle, die deine Seele dir zuflüstert, Wirklichkeit werden – denn dies ist das Prosonodo-Licht. Das Sterntetraeder des Jesus Christus hat

sich geöffnet – ausströmend für das Goldene Zeitalter die hohe Energie der Liebe, der Erkenntnis, des Vertrauens, aber auch der Kraft und der Stärke!
Verwende, wenn du mit deinem Gegenüber sprichst, liebevolle Worte. Versuche zu verstehen, dass sich ein jeder Mensch nach Liebe und Verständnis sehnt – gleich, wie es sich darstellt. Und mache dir bewusst, dass euch alle das eine miteinander verbindet: das göttliche Liebesband. Es wurde geknüpft. Erkenne deine Stärke und lasse das Prosonodo-Licht in dir leuchten!

Es gibt viele Menschen, die vor solchen Energien etwas Angst haben. Denn viele Menschen haben – auch wenn sie es nicht wissen – Angst vor der bedingungslosen Liebe, denn zu oft wurde ihnen erzählt, dass so, wie sie sind, es nicht richtig ist. Doch jeder Mensch, der existiert, trägt die gleiche Sehnsucht wie du selbst. Ein jeder Mensch – gleich, welche Fähigkeiten er in sich trägt – ist gleich wichtig. Ein jeder Mensch – gleich, wie er sich darstellt – wird gleichermaßen von uns geliebt, gesehen und versorgt.
So gebe ein Beispiel; setze ein Zeichen: Sei dann besonders liebevoll, wenn ein Mensch dir begegnet, der voller Angst und Trauer ist – und so wirst du spüren, was dies bewegen kann. Denn schon Jesus, der Christus, hat so gewirkt und hat Wunder wahr werden lassen. Denn die Liebe allein vermag es, Berge zu versetzen – und so werden diese Wunder geschehen! Jeder liebevolle Gedanke, den du aussendest, macht dich stärker, lässt dich wachsen und dich in deiner Göttlichkeit mehr spüren. So ist Melek Metatron, das Auge Gottes, mit jedem Atemzug, den du tust, bei dir!

A ni o'heved o'drach!

An'Anasha!

SANAT KUMARA

Die Fackel des Prosonodo-Lichtes

Ich bin Sanat Kumara. Ich bin das planetare Selbst von Lady Shyenna. Ich bin auserwählt, dir jetzt die Botschaften der Wirklichkeit, der Liebe und das Prosonodo-Licht zu überbringen. Mit den höchsten Tönen der Liebe, dem Ton – Omar Ta Satt – begrüße ich dich.

Ich sende aus der Wirklichkeit die Energieströme des Lichtes und der Liebe. Es ist eine Botschaft des Friedens, der Ausdehnung, der Fülle und der Geborgenheit, die Sanat Kumara übermittelt: Du hast dich gefunden – in deiner Seele. Du hast die göttliche Flamme in dir ausgedehnt und dadurch bekundet, dass du der Träger des Lichtes bist, der die Fackeln trägt; der die Seele und das Herz geöffnet hat, um das Prosonodo-Licht aufzunehmen, das aus der Verkünderepoche hinüberfließt – das Licht, das heilt; das Licht das Erlösung und Frieden bringt.

Das Prosonodo-Licht erlaubt dir und den Hohen Räten des Lichtes, die göttliche Allmacht tiefer und tiefer in dein Selbst einfließen zu lassen. Es ist die Zeit gekommen, in deiner Seele zu spüren. Es ist mehr, als zu erkennen; mehr, als zu erwachen. Es ist, was du bist, im tragenden Lichte des Christus in dir selbst. Du trägst das Christuslicht. Du bist Empfänger und Geber. Du bist der, der den Schritt geht und die Spuren setzt. Du bist so vieles mehr.

Die Tore von Lentos wurden geöffnet. Das Prosonodo-Licht, die Merkaba von Christus, dem Sohn Gottes, wurde geöffnet. So wurde erlaubt, dass diese Energien in diese Zeitepoche einfließen – hin zu dir sowie in die Tiefe von Lady Shyenna hinein, um zu

verkünden: „Shyenna, Shyenna, erwache!“ Erkenne und spüre die tiefe Erlösung, die folgt!
Diese Energie ist so tragend. Sie wurde in jeder Zeitepoche erwartet. Sie wurde nun freigegeben. Du hast so vieles erlebt – glaube mir. Ich bin Sanat Kumara, ich weiß es – denn tief verbunden, zugehörig zu den 36 Hohen Räten, habe ich dich von Anbeginn der Zeit Schritt für Schritt begleitet. Ich habe meine Hand über dein Haupt gehalten und habe dich einst in das tiefe Erwachen geführt. Ich bin verbunden mit dir. Das Band ist so eng geknüpft wie einst zu Jesus.
Du wirst das Prosonodo-Licht in dir ausdehnen, um es weiterzugeben und weiterzutragen. Es bringt dir Kraft, Frieden, Freiheit und Fülle. Wenn dein Seelenaspekt und dein Ursprungsaspekt miteinander verbunden sind, so wird das Prosonodo-Licht in deinen Aspekt der göttlichen Allmacht einfließen und du wirst spüren, was es bedeutet, wenn die Geistige Welt zu dir sagt: „Alles ist möglich! Wunder werden geschehen!“

Shyenna versucht das Vereinigte Chakra herzustellen, ihre Chakren zu vereinigen, um den einen Vollkommenen Ton zu singen. Möge das Außen bersten und zerbrechen, doch im Inneren Sanftheit, Reinheit, Klarheit und Wirklichkeit herrschen. Fühle die Besinnlichkeit, die Zeit der Zärtlichkeit. Empfinde das für dich, was wir für dich empfinden, wenn wir dich in deiner tiefen Absicht sehen und dir zuflüstern: Du bist mehr als nur Mensch! Du bist einer von uns! Du bist Gottes Vertreter auf Sol’A’Vana!
Wir sind eine Gemeinschaft, eine Familie. Wir sind eins – so, wie du eins mit Shyenna bist. Es lässt sich nicht trennen, was eins ist. Diese Zeit soll die Zeit werden, in der du spüren kannst, was dies bedeutet – denn die Tore von Lentos sind geöffnet. Starke, kräftige Energie fließt in das Zeitalter der Jetzt-Gegenwart. Das Prosonodo-Licht verbindet Aspekte von Shyenna und auch von dir.

Erkenne in der Tiefe deiner Seele, wer du bist. Habe den Mut, das zu sein, was du bist, damit du dir erlaubst, das zu nehmen, was wir dir an Geschenken bringen. Breite dein Licht aus und lass dich mit deinem Licht sehen. So ist es und so wird es sein. Lass uns die Worte der Anrufung und der Göttlichkeit sprechen: Kodoish, Kodoish, Kodoish, Adonai'Tsebayoth!

In Lentos wurde verkündet, dass Gottes Sohn geboren wurde. Auserwählte haben den Sterntetraeder von Jesus wahrgenommen. Als Jesus geboren wurde, wurde die Zeitepoche Lentos geschlossen und somit auch das Sterntetraeder, das Prosonodo-Licht.
Nun beginnt das Goldene Zeitalter durch die tragende Kraft des freigegebenen Lichtes stärker als jemals zuvor zu wirken. Für dich mag das ein langes Zeitgeschehen sein, doch in der Wirklichkeit ist es ein Hauch der Energie. Heute wirst du das Licht des Lebens weitergeben, empfangen und ausdehnen. In dir selbst und mit deiner Liebe wirst du es zu Lady Shyenna bringen.
Du wirst so unermesslich geliebt und Sanat Kumara sagt: An'Anasha!

MELEK METATRON

Die neue Ära der Erlösungsenergie

Das Auge Gottes, Melek Metatron, möchte dir die Botschaft des Lichtes und der Liebe überbringen. Frei fließend – das Leben in sich tragend – ist das Prosonodo-Licht in den Botschaften zu dir in deine Seele gebracht worden. Du hast das hohe Licht der Liebe empfangen.
In vielen Zeiten gab es für dich in der Dualität heftige Verwirrungen und Zerrissenheit. Doch das Prosonodo-Licht erzeugt Erlösung.

Erlösung trägt die Demut in sich. Die Demut, die dir dein göttliches Licht zeigt, wie du mit dir selbst und mit der göttlichen Flamme in dir umgehst. Es ist die Zeit nach außen zu gehen, um den Menschen zu zeigen, was dies bedeutet.
Wir sprechen davon, dass eine neue Ära der Energie Einzug gehalten hat. Du hast von dem Prosonodo-Licht erfahren – so wurden die Spuren aufbereitet. Doch die Wahrheit sucht sich ihren Weg und bald werden Menschen von allen Frequenzen vom Prosonodo-Licht sprechen. Wir übermitteln die Botschaften durch Sangitar an dich. Die Botschaft als Sprache übermittelt – das gesprochene Wort mit energetischen Mustern aufgeladen –, bedeutet sehr viel. Wir achten sehr darauf, welche Energie in welchem Wort und in welchen Buchstaben fließt.
Oftmals setzen wir die fließende Liebe und die Segnungsliebe ein, um dich tiefer in deiner Seele durch das Wort zu berühren. So wirst du in deiner Seele spüren, was dies bedeutet, das Prosonodo-Licht aufgenommen zu haben. Je mehr du dich damit beschäftigst, desto tiefer kann die göttliche Allmacht fließen und Shyenna wird in all ihren Aspekten die Erlösung, die fließt und verbindet, spüren.

So wird das, was du bist, auf allen Ebenen weitergetragen. Das Auge Gottes wacht über das Geschehen. Mit Hingabe überschüttet dich das Auge Gottes mit der bedingungslosen Liebe. Es wird eine Zeit der Christusenergie sein, die immer stärker und stärker, tragender und kraftvoller werden wird. Wann immer du dich zu Jesus und zu deiner Christusenergie hinwendest, wird das persönliche Band der Liebe verstärkt und so wirst du das tiefe Bedürfnis in dir spüren – auf welche Art auch immer –, die Erlösungsenergie weiterzugeben.

A ni o' heved o' drach!
An'Anasha!

SABINE SANGITAR

Über die Ausdehnung des Prosonodo-Lichtes

Chamuel: Über das Prosonodo-Licht hast du im zweiten Band „Die 36 Hohen Räte – Offenbarungen der Heilung und Erlösung" schon ganz viel erklärt. Doch zum Abschluss dieses Kapitels möchte ich dich noch Folgendes fragen: Die Energien verändern sich spürbar auf unserem Planeten, der ja nun schon dem Namen nach von Sol'A'Vana, dem Atem Gottes, und durch den Ton „A" von der fließenden Liebe durchströmt wird. Der Rhythmus des Atem Gottes verändert sich immer wieder und somit auch das Prosonodo-Licht und die Kristalle. Kannst du uns dazu bitte noch sagen, in welcher Weise sich das alles verändert?

Sangitar: Den Rhythmus des Atem Gottes überprüfe ich jeden Tag. Daran kann man gut sehen, wie es einen Kristall um das Vielfache nährt, wenn sich der Rhythmus des Atem Gottes erhöht. Jetzt hat der Atem Gottes ohnehin schon solch eine starke Kraft. Es gibt Kristalle, die sich unglaublich nähren und das betrifft besonders jeden Kristall, der irgendwie mit Vertrauen zu tun hat.
Das Prosonodo-Licht war schon immer eine der stärksten Energien des ganzen Universums – und wird es auch immer bleiben! Doch jetzt kommt die Zeit, in der das alles zum Tragen kommt. Wenn ein Mensch in Kontakt mit dem Prosonodo-Licht kommt, kann es ihm passieren, dass sein Leben innerhalb einer Minute ein anderes wird!

Chamuel: An'Anasha!

Sangitar: An'Anasha!

Sol'A'Vana

Kapitel V

JESUS CHRISTUS

Die vollkommene Friedensenergie der göttlichen Quelle

Ich bin, der ich bin. Ich bin, der ich immer war. Ich bin, der ich immer sein werde. Ich begrüße dich mit meiner persönlichen Liebe als Jesus. Denn in diesen Augenblicken bin ich hier ganz spürbar. Es ist, als wenn meine Energie dich berührt. Ich bekunde dir meine Liebe!

Eine Zeit voller Spannung und Veränderung liegt vor dir. Es ist eine Zeit, die wir nutzen, um dir Sol'A'Vana zu überreichen – den Vollkommenen Ton und die Friedensenergie. Es ist nicht die Friedensenergie, die ihr Menschen zu kennen glaubt. Sol'A'Vana ist eine besondere Art des Friedens, denn mit dieser Energie wird sich alles verbinden. Mit dieser Energie – zusammen mit der Weißen Priesterschaft – wird der Vollkommene Ton erklingen, wann immer es richtig für Lady Shyenna ist.

Ich bin dir so nah und mit meiner Liebe und Energie so spürbar hier – in diesem Raum – bei dir. Jesus ist es so eine große Freude, diese Botschaft genau jetzt – in diesem Augenblick – mit der Segnung meines Vaters zu beginnen. Dies wird dich in die tiefste Ruhe und Geborgenheit führen. Dies wird dich dorthin führen, wo du dein göttliches Leuchten spürst; die Kraft und die Zuversicht, dass auch du einer von jenen bist, die Sol'A'Vana zu den Menschen tragen, sodass sie die Göttlichkeit in sich entdecken können. So werde ich noch tiefer in diesen Augenblicken mit meiner Energie bei dir sein, um deinen Christusaspekt mit der Energie von Jesus und Shan'Shija* zu füllen.

Die Merkaba der göttlichen Quelle bewegt sich in einem Rhythmus und schon jetzt sondert sie eine ganz besondere Energie ab. So wurde entschieden, dass diese Energie – Sol'A'Vana – direkt aus der göttlichen Quelle zu den Menschen gebracht wird. Die göttliche Quelle trägt den Vollkommenen Ton. Hat sich einmal der Wechsel vollzogen, wird der Planet Sol'A'Vana sein und auch Sol'A'Vana gerufen werden.

So bitte ich dich: Gehe in die Tiefe und spüre die Liebe von Jesus, die dich von Sorgen und Ängsten befreit.

Spüre die Liebe, wie sie dich in die tiefste Absicht und Überzeugung hineinträgt, dass ich mit jedem Atemzug bei dir bin und wir einander vollkommen vertrauen.

So rufe ich die Quelle der Göttlichkeit, dich für die kommende Zeit zu segnen!

(Lasse dir hierfür etwas Zeit.)

Die Hohen Räte haben entschieden, dass wir dir in dieser Zeit die Botschaften, die Informationen und die Energien von Sol'A'Vana

* *Mehr über „Shan'Shija" findest du auf Seite 252.*

bringen. Die Veränderungen im Außen werden sehr stark spürbar für die Menschen sein. Je spürbarer sie für die Menschen sind, desto spürbarer wird für dich persönlich der Frieden und die Gelassenheit sein.
Die Weiße Priesterschaft hat schon jetzt so vieles verändert und mit Sol'A'Vana wirst du frei von Prozessen aus der Tiefste deiner Göttlichkeit heraus wirken. Es ist wichtig, dass gerade jetzt, in dieser Zeit, sehr viele Menschen ihr göttliches Erwachen finden. So spüre die Geborgenheit und das Licht in deiner Seele. Treffe die Entscheidung und gehe in die Absicht, all deine Sorgen und Ängste loszulassen, dich in die spirituelle Freude hinzugeben, im Vertrauen aufgehoben zu sein, beschützt und unermesslich geliebt zu werden!
Spüre auch die weiblichen Energien, die sich immer mehr manifestieren. Wir werden alles tun, um das Erbe Gottes zur Gänze in dir entzünden zu lassen. Die höhere Macht wird Einzug halten und sich mit deiner göttlichen Macht verbinden. Jede Veränderung im Außen zeigt sich auch in einer Veränderung in dir. Doch du wirst dieser Veränderung mit Freude entgegensehen, denn du wirst diese Gelassenheit und Geborgenheit spüren. So werde ich, Jesus, jetzt den Augenblick nutzen, um dich mit Eleua-Energie zu überschütten.

Jede Veränderung, die geschieht – heiße sie willkommen! Nutze jetzt diese Zeit, um dich tiefer und tiefer, voller Liebe und Hingabe mit Jesus zu verbinden, mit den 36 Hohen Räten und deiner Göttlichkeit. Gemeinsam werden wir den Weg vollziehen und die Spuren von Sol'A'Vana setzen. Das ist es, was es sein wird: Die Vereinigung aller Energien, um mein Werk auf Sol'A'Vana durch dich zu vollenden!

In tiefer Liebe blicke ich zu dir, mein Menschenkind. Diese

Vereinigung, sie beginnt bereits in diesen Augenblicken. Mehr als je zuvor wirst du mich spüren, sehen. Erinnerungen werden wach; energetische Muster, die dir eingebettet worden sind, werden sich öffnen. Nutze jeden Augenblick, um in tiefer Absicht Schritt für Schritt weiterzugehen.

An'Anasha!

KRYON

Die Bedeutung der magnetischen Liebesenergie

Ich bin Kryon. Ich begrüße dich mit den Worten: Omar Ta Satt!

Kryon möchte dir von den Veränderungen der Erdenergien berichten. Die Schleier sind schon sehr dünn. Die äußeren Strukturen werden sich nicht mehr halten können. Doch habe keine Angst, denn alles geschieht für das große Ganze und für die Neugeburt von Lady Shyenna.

Du kannst nicht ermessen, was es bedeutet, dass die Schöpfung selbst – Gott – Sol'A'Vana als Energie des Vollkommenen Tones zu euch, zu der golden-blauen Frequenz bringt. So wirst du – wie Jesus es dir schon berichtet hat – tiefen, tiefen Frieden und Gelassenheit fühlen. Immer mehr werden sich deine Aspekte verbinden und deine Göttlichkeit leuchten. So bist du aufgerufen, schon jetzt viele, viele Menschen – gleich, welchen Weg sie auch wählen – in die Göttlichkeit zu führen. Kein Mensch kann jetzt noch die Augen verschließen, denn viel zu sichtbar ist das, was im Außen passiert.

Doch so, wie Jesus Worte dich in der Seele berührt haben, so möchte auch ich, Kryon, dir sagen, dass gerade jetzt, in dieser Zeit, die magnetische Liebesenergie des Kryons eine tiefe Bedeutung hat. Wenn es dir möglich ist, binde dich immer wieder an diese magnetische Liebesenergie an. Sie wird dir in späteren Zeiten auch das Prana-Atmen erleichtern. Die magnetische Liebesenergie ist die Energie der Neuzeit. So hält sie vermehrt Einzug auf eurem Planeten, in deinen Zellen, in deinen Aspekten.

Du hast so viele Informationen erhalten – gerade ihr von der golden-blauen Frequenz bekommt so viele Botschaften. Nutze diese Informationen, um sie in die Tat umzusetzen! Mehr als je zuvor brauchen die Menschen euch Lichtarbeiter. Sie brauchen dich als starken Lichtarbeiter, der Verständnis und Mitgefühl für ihre Bedürfnisse hat. Jetzt ist die Zeit, um all diese Informationen auch tatsächlich umzusetzen. Ihr habt wirklich eine Menge Informationen erhalten.

Erinnere dich: Schon mit dem Öffnen des Dimensionstores von Lentos hat sich vieles verändert. Einzug hat das Prosonodo-Licht, die Erlösungsenergie und die Eleua-Energie gehalten; ein Teil des Erbes Gottes wurde in dir entzündet. Nutze all diese Möglichkeiten! Wenn du spirituell wirkst, werden dich die Menschen jetzt brauchen – und wir, wir unterstützen dich!

Kryon wird in dieser Zeit sehr stark wirken, auch in der Vereinigung der Weißen Priesterschaft. So sage ich zu dir: Bleibe in der tiefen Absicht und erkenne immer wieder die Ausdehnung in dir, dein göttliches Erwachen, deine Göttlichkeit, die Anbindung zu deinen kosmischen Eltern und zu deinem Ursprungsnamen. All das bekommt jetzt eine noch tiefere Bedeutung, zusammen mit der Freiheit – Lay'O'Esha*.

So verabschiedet sich Kryon mit den Worten: A ni o'heved o'drach!

An'Anasha!

SHAKTI

Die Zeit der Vereinigung

Mit der tiefsten Liebe, mit dem Leuchten der Energie von Gott selbst, mit Sol'A'Vana begrüße ich, Shakti, dich mit den Worten: Omar Ta Satt!
Himmlische Freude herrscht jenseits des Schleiers, denn es wurde Sol'A'Vana zu euch Menschen gebracht – eine Energie, die direkt aus der göttlichen Quelle stammt, in sich alle Energien bündelt, vereint und so den Vollkommenen Ton erzeugt.

Oftmals hast du in dir eine Zerrissenheit gespürt. Du konntest zwar fühlen, dass so vieles in dir ist – du bist dir bewusst, wer du bist – und doch war es für dich nicht einfach, alles einzuordnen und in eine Struktur zu bringen. Dies wird Sol'A'Vana machen. Sol'A'Vana verbindet die Priesterenergien. Sol'A'Vana wird die Magie in dir freisetzen. Sol'A'Vana wird das Erbe Gottes in dir entzünden. Sol'A'Vana wird dir die Macht der Göttlichkeit überreichen, die jenseits deines Verstandes liegt. Es ist eine Zeit der Vereinigung. Die Strahlkraft wird immer stärker und sie leuchtet in den schönsten Farben.

** Die Bedeutung von „Lay'O'Esha" findest du ab Seite 244.*

Atme die Sol'A'Vana-Energie in dich hinein und spüre in deiner Seele. Wenn du berührt bist, dann bist du Träger der Energie für ein höheres Bewusstsein. Du wirst Orte auf Mutter Sol'A'Vana besuchen. Du wirst die Menschen willkommen heißen, die dich aufsuchen. Die Vereinigung der Energien in dir und der Energien auf eurem Planeten Sol'A'Vana ist etwas Wesentliches und Wichtiges in dieser Zeit!
Himmlische Freude herrscht jenseits des Schleiers – voller An'Anasha für dich, dass du bereit bist, dein Herz so weit zu öffnen, und bereit bist, diese hohe Energie in dich aufzunehmen. Du wirst die Lichtspuren setzen, denen andere Menschen folgen werden. Besonders berührt werden jene von dir sein, die tief mit Jesus verbunden sind. Sie werden spüren, dass die hohen Energien sofort in ihre Seele strömen. Der Kristall Sol'A'Vana wird dafür sorgen, dass genau so viel Energie in deine Merkaba und in deine Aspekte einfließt, wie es für dich zu diesem Zeitpunkt richtig und gut ist.
Vieles mag auf deinem Weg der Sol'A'Vana- Energie jenseits deines Verstandes liegen. Es werden Botschaften und Informationen folgen, die dein Verstand nicht erfassen kann. Doch gerade deshalb wirst du es sein, der voller Vertrauen – Mona'Oha* – mit offenem Herzen die Wahrheit und die Wirklichkeit spüren wird.

So wie du bewegt bist, sind auch wir bewegt. Denn die Vereinigung zwischen uns wird noch größer werden. Es scheint schon fast so, als gäbe es keinen Schleier mehr. Wir spüren, dass du einer von uns bist, und du spürst die Energie und die Liebe, mehr als je zuvor.

So ist es eine große Freude, dass du heute, jetzt, in diesem Augenblick, in dem sich so viele Lichtwesen eingefunden haben, den Weg der Sol'A'Vana-Energie beginnst.

A ni o'heved o'drach! An'Anasha!

** Die Bedeutung von „Mona'Oha" findest du ab Seite 244.*

Sol’A’Vana
Der Vollkommene Ton

SABINE SANGITAR

Über das Erbe Gottes, Sol’A‘Vana und den Vollkommenen Ton

Chamuel: Liebe Sangitar, kannst du uns bitte noch mehr zur Sol’A’Vana-Energie sagen?

Sangitar: Sol’A’Vana ist im Grunde genommen Gottes Atem, der seit 2012 angefangen hat, durch die Schleier auf unseren Planeten zu fließen. Es ist eine Verbindungsenergie, eine Energie des Friedens. Es ist aber eine Energie des Friedens, die anders ist, als wir sie kennen. Das ist für uns Menschen auch wichtig, zu verstehen, denn wir neigen natürlich dazu, etwas subjektiv zu bewerten. Das ist ja auch in Ordnung, aber wir nehmen zur Bewertung dann einfach den Frieden, den wir kennen. Das heißt, man nimmt bestimmte Situationen, von denen man sagen kann, dass man da glücklich ist; dass man da Frieden und Freiheit fühlt –, aber das

sind alles subjektive Bewertungen aus der Dualität heraus.
Der Frieden vom göttlichen Gedankenfeld ist ein anderer Frieden, eine ganz andere Energie. Das Schöne an der Sol'A'Vana-Energie ist, dass sie zum Einen die Kraft besitzt, die höhere göttliche Macht zu uns zu bringen. Das wäre das Erbe Gottes, die sogenannten „Feuerperlen". Das Erbe Gottes ist ein energetisches Feld in uns, das jeder Mensch in sich trägt – so, wie jeder Mensch alles in sich trägt.

Es gibt verschiedene Bewusstseinsstufen, die normalerweise in verschiedenen Inkarnationen erreicht werden, die aber jetzt im Goldenen Zeitalter von uns in nur einer einzigen Inkarnation erreicht werden! Deswegen ist es für manche auch so viel.
Das Eine ist zunächst das göttliche Erwachen in uns selbst – das energetische Muster der Ausdehnung, die Neuprogrammierung des Zellbewusstseins für die Neue Zeit. Das Andere sind die Schulungen für den Aufstieg selbst. Sol'A'Vana ist die Verbindung von der höheren göttlichen Macht mit der persönlichen göttlichen Macht, das sogenannte „Erbe Gottes". Das ist in dieser Zeit die Energie, die auf Sol'A'Vana den Vollkommenen Ton erzeugen wird.

Chamuel: Du hast im Zusammenhang mit dem Erbe Gottes von den Feuerperlen gesprochen. Was haben die Feuerperlen für eine Bedeutung? Worum geht es bei den Feuerperlen im großen Ganzen?

Sangitar: Die Feuerperlen sind das Erbe Gottes. In jeder Zeitepoche und in jeder Inkarnation seid ihr dem Erbe Gottes begegnet. Zum Einen tragt ihr das in euch und zum Anderen ist es auch im Außen auffindbar. In dieser Zeit von Sol'A'Vana ist es wichtig, dass das Erbe Gottes in euch entzündet wird, damit diese Energie fließen kann und einfach lebendig wird. Dann wird alles miteinander vereint.

Der Begriff „Feuerperlen" ist ein energetischer Begriff, der aufzeigt, dass alles miteinander verbunden ist. Wenn man sich eine Perlenkette vorstellt: Erst leuchtet eine Perle auf und dann die Nächste und dann die Nächste und so weiter. Irgendwann geht es praktisch wie von selbst – dann leuchten alle Feuerperlen auf.

Chamuel: Kann ich es so zusammenfassen? Ursprünglich ging es darum, bestimmte energetische Muster auf Sol'A'Vana sowohl durch die Lichtarbeiter, die inkarniert haben, als auch durch andere Vorgehensweisen zu erzeugen. Das alles wusste Gott bereits am Anfang. Dann ging eine Zeitepoche nach der anderen vorbei; diese energetischen Muster wurden errichtet und immer wieder verankert – bis ins Goldene Zeitalter hinein.
Jetzt im Goldenen Zeitalter geht es darum, diese energetischen Muster, die Feuerperlen, das Erbe Gottes, in uns und somit auch im Außen nacheinander zu aktivieren. Das führt dann letztendlich in die Vereinigung von der persönlichen Macht und der höheren Macht, was dann wiederum zum Vollkommenen Ton Sol'A'Vana führt. Ist das richtig?

Sangitar: Ja, das ist richtig.

Chamuel: Oder kann ich es so sagen? Mithilfe von Sol'A'Vana wird alles miteinander verbunden und dadurch wird der Vollkommene Ton erzeugt. Ist das richtig?

Sangitar: Sol'A'Vana ist der Vollkommene Ton! Und der Vollkommene Ton beinhaltet alle Energien – sowohl das Erbe Gottes als auch die Energien der verschiedener Zeitepochen, die sich miteinander verbinden. Das heißt, Sol'A'Vana ist sowohl das Prosonodo-Licht, die Eleua-Energie, die Feuerperlen, das Schwert Excalibur, die Magie … Sol'A'Vana ist alles und verbindet einfach die ganzen energetischen Muster miteinander, was dann als der Vollkommene Ton bezeichnet wird.

Chamuel: Also geht es darum, die Feuerperlen, das Erbe Gottes, in sich zu entzünden und zu vereinen?

Sangitar: Ja. Und dann müsst ihr euch vorstellen, dass ihr für solche Entzündungen, für solche Bewusstwerdungen früher mehrere Inkarnationen gebraucht hättet. Dass das heute in nur einer einzigen Inkarnation stattfindet, ist schon eine der großen Veränderungen! Das beeindruckt mich tief.

Das Erbe Gottes könnt ihr euch so vorstellen: Ihr seid vom Anbeginn eurer Erscheinung in der Dualität in jeder Inkarnation mit dem Erbe Gottes in Berührung gekommen und habt es in euch eingespeichert – allerdings verschlossen, versiegelt, einfach nur als Muster eingebettet. Und jetzt ist mit Sol'A'Vana die Zeit gekommen, in der ihr die Möglichkeit habt, diese Gottesfelder in euch zu entzünden! Was das bedeutet, könnt ihr schon fühlen: Das ist eine Kraft, die nur durch die göttliche Quelle hervorgerufen werden kann!
Wenn dieses Feld der persönlichen Gottesmacht in euch entzündet ist, dann werden die Energien alle miteinander verbunden. Das heißt, dass sich auch alle Zeitepochen miteinander verbinden und alle Energien, alle Lichtspuren von euch zurückgeholt werden. Eure Fähigkeiten, euer energetisches Muster, das ihr in euch tragt – alles wird entzündet, entfacht und verbindet sich miteinander. Das wäre dann der Vollkommene Ton in dir!

Chamuel: Also kann ich sagen, dass all das, was ich persönlich je erlebt habe; dass das, was ich als Seele in allen Zeitepochen je erfahren habe, auch als das Erbe Gottes gilt? Und auch, dass jede

Zeitepoche für sich selbst stehend als das Erbe Gottes zählt? Es gehört alles zusammen, weil wir ein Teil von jeder Zeitepoche waren …

Sangitar: Ja, aber es ist nicht so, dass alles, was du je erlebt hast, ein Erbe Gottes ist. Es ist so, dass du in jeder Inkarnation auf das Erbe Gottes gestoßen bist. Du hast es bewusst getroffen. In jeder Inkarnation war die Dualität und die Ströme der Dualität waren früher natürlich noch sehr viel dichter als jetzt im Goldenen Zeitalter. Das Erbe Gottes wird sehr stark mit den Kristallstätten der Wirklichkeit in Verbindung gebracht, die auf Sol'A'Vana zurückgeblieben sind.
Dort wurde das Erbe Gottes von Avataren, von den alten Göttern und von euch sozusagen gefunden und gleichzeitig dorthingebracht. Ihr seid einerseits darauf gestoßen; ihr habt damit Kontakt gehabt; ihr habt es in euch eingebettet und gleichzeitig habt ihr es auch in die Kristallstätten gebracht – nicht in jeder Inkarnation, aber in vielen.

Chamuel: Kannst du uns dazu ein konkretes Beispiel nennen, damit wir uns das besser vorstellen können?

Sangitar: Die Zehn Gebote sind ein ganz einfaches Beispiel: Die wurden empfangen und an euch bzw. an diejenigen, die Jesus begleitet haben, weitergegeben. Ihr habt das energetische Muster der Zehn Gebote in euch aufgenommen und gleichzeitig habt ihr es in die Bundeslade gebracht. Es ist ein bisschen schwer zu verstehen.
Die Pyramiden sind ein anderes Beispiel: Sie sind ja auch ein Erbe Gottes und zwar von Atlantis. Sie sind in den Kristallstätten der Wirklichkeit von euch erbaut worden. Von daher ist es ein Erbe Gottes, das ihr erschaffen habt, mit dem ihr Kontakt hattet und

sie sind gleichzeitig aber auch ein Abdruck für die Kristallstätten der Wirklichkeit.

Was daran wichtig wäre, zu verstehen, ist, dass es eine sehr lange Zeitphase gab, in der nicht klar war, ob Sol'A'Vana den Aufstieg schafft. Keiner wusste, wie dieses Spiel endet – und deshalb war es wichtig, dass bestimmte, pure Gottesenergien in Sicherheit gebracht wurden. Sie wurden in den Kristallstätten verankert, damit sie nicht verloren gehen. Denn die Kristallstätten der Wirklichkeit gehen niemals verloren, selbst wenn die ganze Dualität sich nicht hätte halten können!

Chamuel: Du hast uns schon mitgeteilt, dass es noch weitere Zeitepochen gibt als die, die wir bisher kennengelernt haben, und dass du zu einem späteren Zeitpunkt mehr über sie erzählen wirst. Doch kannst du uns vielleicht schon sagen, wie viele Zeitepochen es ungefähr gibt?

Sangitar: Es gibt unzählige Zeitepochen! Was ihr aber verstehen müsst – und deswegen spreche ich so wenig darüber –, ist, dass sich Zeitepochen ineinander verschieben. Sie sind – aus der höheren Sicht heraus gesehen – nicht zeitlinear! Eine Zeitepoche öffnet sich, dann schließt sie sich wieder und dazwischen liegen viele Zeitepochen, die nur von kurzer Dauer waren. Es gibt manche, die von etwas längerer Dauer waren, die aber an den Toren der wichtigen Zeitepochen angebunden sind …
Ich spreche deshalb nicht darüber, weil ich euch nicht durcheinander bringen möchte. Wir haben mit den für uns wichtigen Zeitepochen sowieso schon so viel zu tun. Aber was ich euch noch sagen kann, ist dass es eine Zeitdimension der Botschafter der Liebe gibt, die inzwischen auch geöffnet wurde. Hierzu gebe ich euch noch ein Channeling von Melek Metatron.

Chamuel: An'Anasha!

Sangitar: An'Anasha für euer Vertrauen!

MELEK METATRON

Die Botschafter der Liebe

Ich bin das Auge Gottes, der Herr der Heerscharen, Melek Metatron. Ich begrüße dich mit der unermesslichen Liebe mit den Worten – Omar Ta Satt – und sende dir eine Botschaft.

Einst ist davon gesprochen worden, dass sich vor dem großen Wechsel der Dimensionen alle Zeittore der Dimensionen auf Sol'A'Vana öffnen müssen und jede Energiefrequenz mit der Jetzt-Gegenwart verschmelzen muss. Dies wurde möglich, indem die Dimensionstore der Botschafter der Liebe geöffnet wurden! Die Botschafter der Liebe sind von Anbeginn der Zeit in einer Zwischendimension auf Sol'A'Vana. In jeder Zeitdimension, die es gegeben hat, haben die Botschafter der Liebe ein Vermächtnis als Frequenz aufgenommen. Sie sind die Energieträger der großen Jetzt-Gegenwart und als die Tore der Botschafter der Liebe geöffnet wurden, wurden alle diese Dimensionen automatisch mit geöffnet! Außer der Dimension von Lemurien, die zu einem anderen Zeitpunkt geöffnet wurde, wurden somit alle Zeitdimensionstore geöffnet. Dies ist für alle Menschen spürbar!

Du musst dir vorstellen, wie viel Kraft entsteht, wenn ein einziges Dimensionstor geöffnet wird. Vielleicht kannst du erahnen, was es bedeutet, dass sich so viele Dimensionstore gleichzeitig geöffnet

haben? Auf der einen Seite war es eine große Herausforderung, eine Anforderung an dich, Lichtarbeiter. Auf der anderen Seite ist es das größte Geschenk!
Diese Botschaft vollzieht sich mit einer großen, kräftigen Energie, dennoch sendet sie dir sehr viel Ausgeglichenheit und Stabilität. Gleichzeitig werden – wenn Melek Metatron, der Herr der Heerscharen, dir, Lichtarbeiter, eine Botschaft überbringt – Wellen der Göttlichkeit übertragen!

Lass uns gemeinsam die Worte sprechen:
Kodoish, Kodoish, Kodoish, Adonai'Tsebayoth!

Ehyeh Asher Ehyeh, Ehyeh Asher Ehyeh, Ehyeh Asher Ehyeh, So'Ham!

A ni o'heved o'drach!
An'Anasha!

KRYON

Das Tor 11:11

Ich, Kryon, ich werde dir die Botschaften der Liebe überreichen. Und schon während Kryon die Botschaften überbringt, beginnt die magnetische Liebesenergie zu fließen. Es ist diese Energie der Neuzeit. Sie wirkt ausgleichend und du spürst die tiefe Liebe zu allem, was ist, in dir.

Kryon wird über die Harmonische Konvergenz sprechen. Doch um tatsächlich zu verstehen, was da passiert ist, müssen wir etwas

weiter in der Zeit zurückgehen: In so vielen Zeitepochen hast du dich mehrmals inkarniert und jede Zeitepoche hatte eine andere Aufgabe zu bewältigen. In Lemurien und Atlantis hast du so viele Male inkarniert. Dort war der spirituelle Geist und deine Merkaba mit deinen Aspekten sehr weit ausgedehnt und meist miteinander verbunden.
Als sich die Erdenergie erhöhte, war es in Avalon eine Zeit der Priester- und Priesterinnen, der Mystik und der Magie. Damals in dieser Zeitepoche war es das erste Mal so, dass du dir selbst kristalline Strukturen eingebettet hast. Das hat nicht die Geistige Welt gemacht, sondern du hast es selbst gewählt, um dich in allen Facetten erfahren zu können. In jeder Inkarnation hast du dich erfahren. In Lentos hast du bereits sehr viele kristalline Strukturen eingebettet. Denn du wusstest, dass eine Zeitepoche beginnt, in der du dich nur weiterentwickeln kannst, wenn du in das Vertrauen gehst.
Das Goldene Zeitalter ist die Zeitepoche des Vertrauens! Es braucht keine Beweise, sondern allein durch das Vertrauen wird die Energie von Mutter Sol'A'Vana angehoben und auch die Energie in dir dehnt sich aus. Für viele Menschen ist es wichtig, Beweise zu haben. Doch ich sage dir: Wenn du tief in deine Seele blickst und dein göttliches Licht betrachtest, dann hast du Beweise genug.

Als die Erdenergie sich so weit erhöht hatte, hat der Hohe Rat beschlossen, weltweit, über den ganzen Planeten verteilt, für alle Menschen eine Initiation zu vollziehen: Nämlich, die erste Lichtkörperstufe, die aktiviert wurde. Dies nennt man, wie du weißt, die Harmonische Konvergenz. Ab diesem Zeitpunkt war es jedem Menschen möglich, sich sehr viel schneller zu entwickeln und auszudehnen.
Doch mit jeder Lichtkörperstufe, die du emporgestiegen bist, brauchtest du noch mehr Vertrauen. Und immer dann, wenn

du vertraut hast, wurde dein Bewusstsein enorm ausgedehnt. Es wurde ein Tor geöffnet, das du vielleicht als 11:11 kennst. Doch was ist das für ein Tor? Oft wird es als Sonnentor benannt. Doch es ist eine Öffnung – eine Öffnung für die Sternensaat.

Mit dieser Öffnung konnte die Sternensaat in einem Geflecht vom Gitternetz der Liebe vermehrt Energie zu den Menschen bringen und gleichzeitig die Sehnsucht in den Menschen erwecken – die Sehnsucht, sich weiterzuentwickeln, sich auszudehnen. Und die Familie der golden-blaue Frequenz, die ältesten aller Seelen, die das Erwachen erreicht haben, ihr wisst, wer ihr seid.

Und es wird noch einmal ein Tor geöffnet werden. Wenn Lady Shyenna noch zwei Oktaven höher schwingt, wird sich ein weiteres Tor öffnen. Und dieses Tor wird die gesamte Sol'A'Vana-Energie aufnehmen und über den Erdball verteilen. Die magnetische Liebesenergie spielt dabei eine wesentliche Rolle, denn die magnetische Liebesenergie ist die Magie der Neuzeit.

Und so haben wir beschlossen, im Hier und Jetzt eine magnetische Liebesübertragung zu vollziehen – in einer Strahlkraft, wie es sie vorher noch niemals gegeben hat. Bevor dies geschieht, lasse Kryon dir sagen: Jeder einzelne Lichtarbeiter ist von wichtiger Bedeutung! Jeder Einzelne wird unermesslich geliebt! Das Kollektiv der Herzensverbindung, sie dehnt das Bewusstsein aus – und so wirst du, wenn du dieses Buch beendest, nicht mehr derselbe sein. Und erinnere dich daran, erinnere dich an die Worte: Es gibt keine Grenzen – nur die, die du dir selbst setzt! Wenn das tief in deiner Seele verankert ist, geschehen die Wunder!

Und so haben sich sehr viele Wesen versammelt, um dir die magnetische Liebesenergie zu bringen. Und so lass uns beginnen.

Atme das Licht der Liebe in dich hinein und fühle die Tiefe mit jedem Atemzug, den du tust.

Erfühle die Tiefe deiner Göttlichkeit. Spüre im goldenen Licht, dass du eine wichtige Aufgabe zu erfüllen hast.

Rufe all deine Chakren zusammen, vereinige sie und lasse daraus eine Sonne entstehen. Und mit jedem Atemzug, den du tust, dehnt sich diese Sonne aus.

Nenne deinen Ursprungsnamen oder verbinde dich tief mit deiner Ursprungsenergie. Wie von selbst öffnen sich die Blütenkelche und wir werden jetzt mit einer großen und tiefen Strahlkraft die magnetische Energie übertragen und gleichzeitig die Energie von Sol'A'Vana mit einfließen lassen.*

Nimm diese Energien auf und mache dich weit – für die Geschenke und das Wunder!

(Lasse dir hierfür etwas Zeit.)

Und Kryon, der dich so unermesslich liebt, sagt: An'Anasha!

* *Mehr über die „Blütenkelche" findest du auf Seite 250.*

Die Drachen-, Einhorn- und Planetenenergien

Kapitel VI

SABINE SANGITAR

Über die Drachen- und Einhornenergie

Chamuel: Liebste Sangitar! Zum Abschluss des Buches kommen wir zu einem ganz spannenden Kapitel, in dem uns die Botschaften der Geistigen Welt in Kontakt mit unseren Drachen und Einhörnern bringen sowie mit den Bewohnern von vier der 389 Planeten, die den Aufstieg bereits vollzogen haben! Ich möchte dich zunächst bitten, etwas zu den Drachen zu erzählen, denn die Drachen scheinen von großer Bedeutung für das große Ganze zu sein.

Sangitar: Es ist wirklich ein Zeichen der Zeit, dass nun diese Durchsagen kommen! Ich weiß davon schon lange – eigentlich schon immer – und durfte es lange nicht ansprechen, weil es etwas freisetzt, wenn die Drachen- und die Einhornenergie runtergezogen werden und in diese Zeitepoche einfließen, was tatsächlich erst in einer bestimmten Zeitenergie sein durfte. Die Drachen und Einhörner kommen nicht ohne Grund.

Chamuel: Welche Funktion haben die Drachen und Einhörner? Haben sie auch die Aufgabe des Verbindens?

Sangitar: Ich erkläre es etwas anders: Drachen und diese Energien, die hat es in jeder Zeitepoche gegeben; die waren immer da und sind immer da. Es ist eine Energie, die euch unter Umständen ermöglicht, wie mit einem eigenen Raumschiff zu reisen. Die Drachen ermöglichen euch Reisen auf allen Ebenen.

Aber du kannst keinen Drachen finden, dir keinen bestellen – auch kein Einhorn. Der Drache oder das Einhorn findet dich – wenn du dazu bereit bist! Und dann verbindet diese Energie in deiner Merkaba etwas, was es dir möglich macht, mit diesem Energiefeld zum Beispiel zu reisen.

Chamuel: Viele stellen die Drachen wie fliegende Dinosaurier dar. Ist das einfach ein Bild für eine Energie oder sehen sie tatsächlich so aus?

Sangitar: Ohne Grund werden die Drachen nicht so dargestellt. Es ist schon gut, wenn ihr ein Bild habt, wenn von einem Drachen oder einem Einhorn gesprochen wird, aber letzten Endes ist es eine Energie, und zwar eine sehr kraftvolle und sehr persönliche Energie.

Ähnlich wie die Botschafter der Liebe sehr sanftmütige Begleiter sind, die von Anbeginn bei euch waren, euch immer begleitet haben und ein Energiefeld in euch sind – ein sehr persönliches –, so ist die Drachenenergie etwas, das von außen zugeführt wird. Aber ihr habt schon immer mit einem Drachen Kontakt gehabt und wenn diese Energie jetzt runtergezogen wird, dann wird euch euer Drache finden. (Pause.)

Dann wird euch die Energie finden. Also, das ist nichts, was ihr aus euch heraus erzeugen, erwecken oder euch bewusst werden könnt – wie bei den Botschaftern der Liebe –, sondern es ist eine Energie, die euch schon immer begleitet hat und euch von außen zugeführt wird.

Chamuel: Kann man sagen, dass die Drachenenergie auch so hoch in ihrer Energie ist, dass sie auf der anderen Seite des Schleiers geblieben ist und dennoch irgendwie ein Teil von uns ist?

Sangitar: Die Drachen, die Energie hat es schon immer auf Sol'A'Vana gegeben. Sie hat es auf allen Planeten gegeben, denn das waren ja die Verbindungsenergien der Planeten – und sie sind es immer noch. Für das irdische Dasein sind die Krafttiere auch sehr wichtig und im höheren Sinne sind die Drachen die Galaktischen Reiter, die einfach von einem Planeten zum anderen durch die Schleier durchgehen können.
Das ist eine Energie, die sich überall und immer und ständig verbindet; die euch auch vieles erzählen und vieles bewusst machen wird; die viele Fähigkeiten, die vielleicht noch brachliegen, in euch aufbrechen wird und die euch das Gefühl vermitteln wird, dass es tatsächlich keine Grenzen mehr gibt!

Chamuel: Das hört sich wunderbar an!

Sangitar: Das ist es auch! Und natürlich sind die Drachenenergien und auch die Energien der Einhörner sehr vermenschlicht worden. Davon müsst ihr euch vielleicht ein bisschen verabschieden, auch wenn es für manche vielleicht nicht so einfach ist. Es ist ja gut, dass diese Energien vermenschlicht werden, damit die Menschen einen Bezug dazu bekommen, aber wenn sie zu sehr vermenschlicht werden, dann spürt ihr die Kraft nicht mehr dahinter.

Chamuel: Wo ist der Unterschied zwischen Drachenenergie und Einhornenergie?

Sangitar: Die Drachenenergie ist die verbindende Energie der Planeten, die Kraft der Merkaba, Reisen, Zurückführen der Energien aller Zeitepochen bis in die Zeit der Anpassungsphase – obwohl sie teils noch gar nicht da ist. Das ist sehr abgefahren, aber das können diese Energien.

Die Einhörner sind eher gleichzusetzen mit den reisenden Botschaftern, die um die Welt gehen. Dafür gibt es auf den anderen Planeten schöne Namen: Sternenwanderer und Galaktische Reiter. Das sind weibliche und männliche Energien.

Chamuel: Kann man dann sagen, dass jede Frau ein Einhorn hat und jeder Mann ein Drache?

Sangitar: Nein, absolut nicht!

Chamuel: Erkläre uns bitte noch mehr über die Einhörner. Ist die Einhornenergie eher auf kleineren Bereichen unterwegs?

Sangitar: Nein, nicht in kleineren Bereichen, sondern in einer anderen Funktion. Das sind mehr die Träger der Wirklichkeit. Sie tragen mehr die Energie der Wirklichkeit um den Planeten, zu den Menschen und die Drachen verbinden planetare Energien, Zeitepochen und so weiter.

Chamuel: Also kann man sagen, die Einhörner sind das Zuführende und die Drachen sind das Verbindende.

Sangitar: Ja, genau.

Chamuel: Das klingt schön und sehr interessant. Auf diese speziellen Channelings freue ich mich jetzt schon!

NIE'A'TIEH

Dein Kontakt mit der Drachen- und Einhornenergie

Ich bin der Hüter der Drachen, der Einhörner. Ich bin der Hüter und Wächter des Planeten Omaras. Die Töne meines Namens erreichen dich mit Nie'A'Tieh und mit dem Gruß, der alles vereint und die göttliche Liebe beinhaltet – Omar Ta Satt!

Ihr Menschen befindet euch auf dem Planeten Sol'A'Vana, der ein ganz besonderer Planet ist – ein wunderschöner Planet. Und ihr habt das höchste Gut: das Wasser. Und Gottes Sohn hat sich auf eurem Planeten inkarniert. Du bist ein göttlicher Menschen in der Dualität, doch die Dualität schwingt schon sehr hoch und die Wirklichkeit hält mehr und mehr Einzug.
Im Universum werden Entscheidungen getroffen, welche Vorbereitungen getroffen werden. Das hängt immer davon ab, wie hoch die Erdenergie ist und die Energie der Menschen und ganz besonders die Energie der spirituellen Menschen. Oftmals habt ihr noch den Schleier des Vergessens, doch immer weiter lüftet sich dieser. Und so ist die Entscheidung getroffen worden, dass euch Lichtarbeiter nun die Drachen- und Einhornenergie zugeführt wird, die ihr einst in voller Liebe beiseitegelegt habt, und euch anstelle dessen kristalline Strukturen eingebettet habt.
Das geschah mit großer und tiefer Liebe, denn ihr wusstet zu

einem Zeitpunkt, dass dies notwendig ist, sodass der Planet nach Hause zurückkehren kann. Denn allein die Spiritualität reicht nicht dazu aus, sondern es ist vielmehr die Liebe – die Liebe –, die alles vereint. Und die Liebe zu spüren, die Fähigkeiten zu spüren und zu erlangen, das geschieht mit Vertrauen.

Bei dir ist die Energie sehr weit ausgedehnt, das Bewusstsein sehr hoch und du wirst spüren, was es bedeutet, wenn die vertraute Energie des Drachens und die Energie des Einhorns in dich einfließt, zurückkehrt und den Kreis wieder schließt.
Denn nicht immer hast du den Schleier des Vergessens in der Dualität getragen. Ganz besonders in der Zeitepoche Atlantis ward ihr Lichtarbeiter euch sehr bewusst und habt mit euren spirituellen Fähigkeiten sehr stark und tief für das Licht gewirkt. Auch in der Zeitepoche Avalon war der Schleier des Vergessens nicht so stark, wie er nach Lentos war.
Die Drachenenergie und die Einhornenergie ist eine Energie, die dich findet. Du kannst sie nicht finden – sie findet dich! Das ist ein wesentlicher Bestandteil der Energie, denn ein jeder trägt eine ganz persönliche Drachen- und Einhornenergie – je nachdem, wie der Auftrag und die Aufgabe lautet.

Und so wollen wir beginnen. Versenke dich und spüre das göttliche Licht in dir und spüre das Vertrauen.

Und während du immer tiefer gehst und dich fallen lässt, wird sich ein Blütenkelch öffnen.

Und während die Energie dich findet, trage die Dankbarkeit in dir und nenne deinen Ursprungsnamen oder verbinde dich tief mit deiner Ursprungsenergie.

Und so werde ich dir etwas Zeit geben, sodass die Energie dich findet – genau dich! Eine Energie, die dir sehr vertraut ist. So lass uns beginnen.

(Lasse dir hierfür wirklich Zeit!)

Vielleicht fühlt es sich für dich so an, als sei ein Familienmitglied nach Hause zurückgekehrt. Und es ist Tatsache so, dass diese Energie ja zu dir gehört und du mit deiner tiefen Liebe einst bereit warst, sie zurückzulassen. Auch daran kannst du erkennen, wie du in verschiedenen Zeitepochen gewirkt hast; wie bewusst du dir warst und wie du für das Licht gedient hast.
Denn es gehört sehr viel Mut dazu, sich selbst kristalline Strukturen einzubetten – im vollen Bewusstsein, wissend, dass sich dann ein Schleier des Vergessens um einen legt. Du hast es getan, weil du so sehr die Sehnsucht trägst, mitzuhelfen und dabei zu sein, wenn Sol'A'Vana so geliebt wird, dass sie nach Hause zurückkehren kann. Und auch die Drachenenergie und die Einhornenergie haben dich vermisst und sind sehr glücklich, nun wieder ihr Zuhause gefunden zu haben. Wenn der 19. Aspekt* eingebettet wurde und diese Energie Einzug hält, wirst du fühlen, was dies bedeutet. Denn nicht nur, dass sie dir bei deinen Reisen helfen, sondern sie verstärken auch deine Fähigkeiten. Sie befähigen dich zu vielem und du wirst diese Energien brauchen, wenn es zum Dimensionswechsel kommt.

** Mehr über den „19. Aspekt" findest du auf Seite 249.*

Dein Eintauchen in die Drachen- und Einhornenergie

Ich bin Nieh'A'Tieh. Noch einmal hat Nieh'A'Tieh die Ehre, dir über die Drachen- und Einhornenergie zu berichten. Der Hohe Rat hat beschlossen, dass wir nun tiefer in diese Energie eintauchen – ist sie doch so viel mehr, als dein Verstand erfassen kann.

Wer Einhorn- und Drachenenergie tatsächlich in der Tiefe fühlen will, muss sich tief fallen lassen und ein sehr hohes Bewusstsein tragen, denn diese Energie ist die einzige Energie, die nicht aus dir selbst heraus entstehen kann. Es ist eine Energie von außen, die dir zugeführt wird. Alleine schon deshalb brauchst du den 19. Aspekt, um mit dieser Energie in tiefen Kontakt zu treten.

(Anm.: Der 19. Aspekt wurde in einem großen Kollektiv bei vielen Lichtarbeitern aktiviert. Dies ist über ein Buch nicht möglich, weil hierfür verschiedene, energetische Vorkehrungen getroffen werden müssen. Wenn du die folgenden Übungen vollziehst, mache dir bewusst, dass mit der Übung nur ein Eintauchen in die Energie möglich ist.)

In früheren Zeitepochen war das etwas anderes. Dort waren diese Energien mit dir. Ein jeder Lichtarbeiter hatte einen Drachen oder ein Einhorn, denn sonst wären die Zeitreisen, die Reisen mit der Merkaba nicht möglich gewesen. Doch wurde zu einer Zeit beschlossen, diese Energie zu deaktivieren, weil es nun das Zeitalter des Vertrauens ist, und mit dem Vertrauen solltest du dich in deiner Göttlichkeit erkennen.
Doch das Zeitgeschehen hat uns jetzt gezeigt, dass die Zeit in der Dualität herangereift ist, um dich wieder tief mit dieser Energie in

Verbindung zu bringen. So hast du schon Bekanntschaft gemacht mit deinem persönlichen Drachen, mit deinem persönlichen Einhorn oder vielleicht auch mit beiden Energien. Doch was Nieh'A'Tieh dir berichten will, ist, dass diese Energien so viel mehr beinhalten, als du dir das vorstellen kannst.

Wir beginnen damit, dass du dich tief versenkst, dich in allen Facetten deiner Göttlichkeit spürst und dein Inneres Auge öffnest.

Und während sich dir die Energien des Drachens oder des Einhorns oder beides nähern, möchte Nieh'A'Tieh dir noch etwas über diese Energien erzählen.

Denn wenn du deinen Drachen oder dein Einhorn genau betrachtest, dann wird dir auffallen – wenn es für dich bestimmt ist –, dass dieser Drache oder dieses Einhorn Kristalle trägt: den Kristall der Auferstehung Shadees, den Kristall Sol'A'Vana und einen persönlichen Kristall, deinen Lichtabdruck.

Wenn du mit diesen Energien in tiefen Kontakt kommst; wenn du mit Yoah'Toh, Shadees, Sol'A'Vana und vielleicht auch mit deinem persönlichen Kristall in tiefstem Kontakt bist, ermöglicht dir diese Energie nicht nur, in die höheren Sphären der Spiritualität Zeitreisen zu unternehmen, sondern es wird dir auch ermöglicht, in alle Zeitepochen zurückzugehen.

Und der Drache oder das Einhorn werden dir Situationen aufzeigen, in denen du besonders mit Kraft und Stärke, mit Licht und Liebe gewirkt hast. Dabei wird es dir möglich sein, diese kräftigen Energien in die Jetzt-Zeit mitzunehmen.

Doch führt dich der Drache auch in Inkarnationen, in denen du vielleicht Blockierungen hattest, Ängste; in Inkarnationen, die nicht so schön für dich waren. Dort hast du die Möglichkeit, mit dem Kristall Shadees zu transformieren. Du hast sozusagen rückwirkend die Möglichkeit, eine Situation zu verändern.

Du hast die Möglichkeit, Gelöbnisse, die dir immer noch anhaften und dir nicht mehr dienlich sind, mit der Kraft der Energie deines Drachens oder deines Einhornes aufzulösen. Gleichzeitig bekommst du die Möglichkeit, durch Raum und Zeit zu reisen.
Diese Energie ist sehr stark und sehr kraftvoll und sehr mächtig. Es ist wichtig, dass du das tiefe Bewusstsein in dir trägst; dass du den Zug spürst, wenn jetzt gleich Energien aus der Wirklichkeit zu dir kommen! Spüre, ob du dich wirklich hingezogen fühlst und eine Reise mit deinem Drachen unternehmen möchtest?

Wohin er dich auch führt, wirst du transformieren können, auflösen, was dir nicht dienlich ist und gleichzeitig Bilder wahrnehmen von sehr kraftvollen, sehr tiefgreifenden Inkarnationen – besonders in Atlantis.
Viele Wesen jenseits des Schleiers, das Auge Gottes, Melek Metatron, werden dieses Geschehen beobachten. Frage dich, ob du bereit bist? Dann lasse dich nun führen!

(Nimm dir hierfür die Zeit, die du für diese besondere Reise brauchst.)

Wir sehen, wie tief berührend dies für dich ist. Doch vertraue darauf, dass alles, was geschieht, dir zum höchsten Wohle geschieht und immer so, wie es für den Augenblick der Jetzt-Zeit für dich richtig und gut ist!

Oftmals wird die Drachen- und Einhornenergie unterschätzt! Der Drache und das Einhorn, das sich dir nähert, tut dies aus Liebe und Achtsamkeit, denn sie waren ja schon einmal bei dir. Und es ist eine Zusammenkunft – wie eine Verschmelzung –, eine Freude darüber, dass man sich wiedergefunden hat und mit dieser Energie so vieles möglich ist – beinhaltet sie doch so viel Kraft und Macht!

Doch spüren wir auch, dass hier ein enormes Kraftfeld wirkt. Und so sagt Nieh'A'Tieh zu dir: A ni o'heved o'drach!

An'Anasha!

BAHEAA

Deine Reise in verschiedene Inkarnationen

Ich bin die Hüterin der Einhörner. Ich bin Baheaa. Ich begrüße dich mit den Worten der höchsten Energie: Omar Ta Satt!

Ich wurde auserwählt, um dich auf eine Reise mit deinem Einhorn oder Drachen zu begleiten. Es ist mir eine Freude und Ehre, dies für dich zu tun. Ich bin der menschlichen Sprache nicht sehr mächtig, hoffe auf dein Verständnis und fühle, dass zwischen uns eine Verbindung entsteht.

Ich wurde auserwählt, dir über die Energie von Shadees zu berichten. Ich bin auserwählt worden, dir die Kraft und die Macht tiefer bewusst zu machen: Shadees wurde vom Hohen Rat des

Universums freigegeben. In der linearen Zeit hätte diese Energie so auf eurem Planeten noch nicht einströmen sollen. Doch es war wichtig, um dem Planeten Hilfe zu leisten. Dies war für das große Ganze sehr wichtig! Shadees ist eine Energie, die man verstehen sollte – vielleicht weniger mit dem Verstand, sondern mehr mit dem Herzen.

Shadees ist eine kompromisslose, eine transformierende und eine heilende Energie. Sie trifft auf die Energie der Dualität. Es ist fast wie ein Kampf zwischen den Energien. Sie können nicht miteinander harmonieren und sich nicht verbinden. Shadees wird sich durchsetzen, denn Shadees ist die Energie der Neuzeit.

Die Dualität verliert an Macht und versucht gerade jetzt – als noch lebende Energie – alles, um sich an Strukturen, die es ihr möglich machen, festzuhalten. Es kommt zu energetischen Kämpfen zwischen der Energie der Neuzeit und der Dualitätsenergie. Ihr Menschen spürt das und führt manchmal diesen energetischen Kampf fort. Große Verwirrung, Müdigkeit, Gleichgewichtsstörungen, all das sind die Symptome von Shadees und der Dualitätsenergie.
Die Frage, wie man damit umgeht, kann jeder nur für sich alleine beantworten. Wir aus der Geistigen Welt, wir sagen: Lass es geschehen! Wenn Shadees den Planeten Sol'A'Vana erhebt, wird Shadees der Energieträger sein.
Spüre die Worte von Baheaa. Wenn du nun eine Reise unternimmst, wirst du dies mit Aspekten und deinem persönlichen Kristall vollziehen. Mit dem Kristall Shadees wird es dir erlaubt sein – wenn die Energie bereit ist –, deine Aspekte in verschiedene Inkarnationen mitzunehmen.
Lasse dich von deinem Einhorn oder Drachen tragen, wohin er dich auch bringt. Dort wirst du Situationen sehen, die dir helfen,

dies alles besser zu verstehen. Du hast aber auch die Möglichkeit, Gelöbnisse zu lösen. Vielleicht führt dich dein Einhorn auch auf einen anderen Planeten? Während der ganzen Reise – und es ist sehr wichtig, dass du dies verstehst – wirst du all das, was dich behindert, transformieren – soweit es für dich richtig und gut ist.

So lass uns beginnen, indem du dich tief in den Frieden deiner Göttlichkeit fallen lässt. Folge den Worten von Baheaa, damit die Reise mit deinen Aspekten für dich das Bestmögliche erreichen kann.

Wenn deine Chakren vereint sind und du den Frieden spürst, spreche deinen Ursprungsnamen oder verbinde dich tief mit deiner Ursprungsenergie und rufe in tiefer Absicht deine Persönliche Engelsgruppe, dass sie all dies für dich vollziehen.

Du kannst dich vollkommen in die Energie fallen lassen. Bitte deine Persönliche Engelsgruppe, Aspekte – so, wie es richtig und gut ist – zu vereinen und sie mit deinem persönlichen Kristall zu verknüpfen. Es ist dein persönlicher Lichtabdruck.

Rufe nun die Energie des Drachens oder Einhorns an.

Bitte nun den Goldenen Engel in dir, deinen persönlichen Lichtabdruck und die verbundenen Aspekte mit der Energie des Drachens oder des Einhorns zu verbinden.*

Nun begebe dich auf eine Reise. Egal, wo sie dich hinführt, lasse alles geschehen.

(Nimm dir Zeit für diese Reise und lass die Energien wirken.)

** Mehr über den „Goldenen Engel“ findest du auf Seite 252.*

Lasse die Reise nun zu Ende gehen. Deine Persönliche Engelsgruppe wird nun die Energien, die du aufgenommen hast, in dir einbetten.

Verabschiede dich von deinem Einhorn oder Drachen in einer persönlichen Art – so, wie es für dich richtig ist – und spüre, ob diese Verbindung liebevoll und kraftvoll ist.

Du hast sehr viel transformiert. Während deine Persönliche Engelsgruppe diese Energien verteilt, höre die Worte von Baheaa:

Im Moment haben es die Menschen auf eurem Planeten nicht leicht. Die Energieeinströmung von Shadees ist sehr stark. Doch sie hilft Lady Shyenna, sich zu erweitern, zu erhöhen und gleichzeitig aber auch zu beruhigen. Es wirken derzeit sehr viele Energien, die Veränderungen erzeugen. Die Merkaba von Yoah'Toh wird erstellt. Die Einstrahlung von Shadees wirken durch die Schleier in die Dualität. Sol'A'Vana, der Atem Gottes, vereint alles und du wirst erstmalig spüren können, was für eine bewegende, kraftvolle und heilende Wirkung der Kristall Shadees hat. Ich freue mich für dich, dass dir dieses überbracht wird!

Manchmal kämpfen die Menschen einen energetischen Kampf, der gar nicht der ihre ist. Sehr viele Menschen nehmen derzeit die Energien der Dualität sehr stark auf, weil sie sich an alles klammern, was für sie derzeit in der Dualität noch Sinn macht. Doch Shadees transformiert diese Energien sofort und deshalb höre noch mal die Worte: Es fühlt sich wie ein energetischer Kampf an, den du manchmal weiterträgst und weiterführst, obwohl er nicht dein eigener Kampf ist. Je mehr du dich mit Shadees in der Tiefe deiner Göttlichkeit mit Sol'A'Vana beschäftigst, desto tiefer wirst du spüren, dass du nichts weiter zu tun brauchst, denn diese

Energie erledigt alles von selbst – und du wirst tiefer, sehr, sehr viel tiefer spüren, was Sol'A'Vana und Shadees für dich bedeuten.

Es war mir eine Ehre und Freude, diese Botschaften in der Absicht meines Lichtes und in tiefer Demut vor allem, was ist, durch Sangitar an dich zu richten. Wir lieben dich, wir lieben euch Menschen und wir lieben euren Planeten. An'Anasha!

SABINE SANGITAR

Über das Feld der 389 Planeten und die Rolle des Planeten Sol'A'Vana

Chamuel: Liebe Sangitar! Wir haben nun erfahren, dass wir mit unseren persönlichen Drachen und Einhörnern auch auf andere Planeten reisen können. Sind damit Planeten aus dem Feld der 389 gefallenen Planeten gemeint? Kannst du uns bitte den Zusammenhang dieser Planeten erklären?

Sangitar: Es gibt – wie ihr wisst – insgesamt 389 Planeten, die in die Dualität gegangen sind, die alle miteinander verbunden sind und sich dennoch in ihrem Bewusstsein unterschiedlich entwickelt haben. Unser Planet Sol'A'Vana hat ein ziemlich hohes Energielevel und mit ihr noch weitere vier andere Planeten: Landras, Partoos, Eris und Marajanas. Diese haben die große Energieveränderung, den großen Dimensionswechsel, den sogenannten Aufstieg bereits vollzogen.
Es ist wichtig, dass die Planeten nicht miteinander, sondern nacheinander aufsteigen, denn alle sind durch ein Netz, das planetare

Gitternetz, miteinander verbunden. Wenn mehrere Planeten diesen Sprung des Dimensionswechsels gleichzeitig vollziehen würden, dann würde dieses Gitternetz anfangen, zu sehr zu schwingen. Das wiederum würde die anderen Planeten, die in ihrem Bewusstsein noch gar nicht soweit sind, mitreißen – und das wäre im Moment nicht so gut.

Die Bezeichnung, das planetare Gitternetz als ein „Feld“ zu benennen, finde ich persönlich ein sehr schönes Bild, weil man damit die Planeten als Gesamtes anerkennt – als eine große Seele. Das ist sehr schön, denn etwas anderes ist es ja auch nicht. Es war ja ursprünglich ein gesamtes Feld, was dann in verschiedene Teile zersprungen ist.

Chamuel: Welche Rolle spielt unser Planet Sol'A'Vana in dem großen Feld der Planeten, die den Aufstieg vollziehen werden?

Sangitar: Unser Planet Sol'A'Vana wurde dazu auserwählt, dass das Erbe Gottes in Form von Jesus Christus als Mensch in der Dualität inkarniert und somit wurde der Planet auserwählt, dass sich das gesamte Erbe Gottes in einer physischen Form manifestiert! In diesem Punkt ist Sol'A'Vana der einzige Planet!

Chamuel: Was hat Sol'A'Vana ausgezeichnet, um auserwählt worden zu sein?
Sangitar: Sol'A'Vana ist wegen des Wassers auserwählt worden.

Chamuel: Trägt das Wasser eine besondere Information?

Sangitar: Das Wasser hat eine besondere Bedeutung. Abgesehen davon wurde auf unserem Planeten noch die höchste Wirklichkeitsenergie gemessen.

Chamuel: Und wegen der hohen Wirklichkeitsenergien konnte Jesus hier auf Sol'A'Vana inkarnieren und damit eine besondere Energie verankern?

Sangitar: Jesus kam erst später. Wichtig ist, dass ihr die Ursprünge erkennt und die Zusammenhänge versteht: Wenn ihr euch das zersprungene Feld vorstellt, wird einfach klar, dass die hohen Lichter nicht besonders viele Möglichkeiten hatten. Es wurde darauf geachtet, welcher Planet die meiste Wirklichkeitsenergie trägt; wo noch die meisten Kristallstätten sind – und bei Sol'A'Vana hat man gesehen, dass noch ein Abdruck der Ursprünglichkeit vorhanden ist.
Das Wasser spielt natürlich eine große Rolle, weil es für das ganze Universum wichtig ist. Im Wasser konnten die höchsten Lichter inkarnieren, die den Luziferenergien nicht ausgesetzt waren. Das sind die Delfine.

Chamuel: Die Delfine konnten durch den Schutz des Wassers inkarnieren?

Sangitar: Genau.

Chamuel: Dann haben also die höchsten Lichter auf Sol'A'Vana inkarniert …?!
Sangitar: Ja, die allerhöchsten.

Chamuel: … und haben dadurch auch eine sehr viel größere Verantwortung getragen.

Sangitar: Die größte eigentlich! Mit diesen Lichtern sind die Frequenzen entstanden und wie schon gesagt: Die golden-blaue Frequenz trägt einfach eine ganz wichtige Funktion, weil wir den Aufstieg einleiten werden – womit wir wieder bei unserem Planeten Sol'A'Vana wären.

Chamuel: Haben wir teilweise auch auf anderen Planeten inkarniert?

Sangitar: Ja! Es gibt Planeten, für die es sehr wichtig war, dass ihr dort inkarniert habt. Das sind auch die Planeten, die die Geistige Welt uns jetzt schon namentlich nennt; die schon aufgestiegen sind und mit Sol'A'Vana unmittelbar auf einem Energielevel sind.

Dort habt ihr inkarniert, um etwas von den Wirklichkeitsmustern unseres Planeten abzugeben und Lichtspuren zu setzen, damit die Bewohner dieser Planeten die Möglichkeit hatten, nicht nur durch das Entwickeln des eigenen Bewusstseins den Energielevel des Planeten anzuheben. Es sind andere Wesen dort. Es ist wie eine fremde Kultur – aber damit hat es weniger zu tun. Es ging einfach darum, Lichtspuren der Wirklichkeit zu setzen und das Erbe Gottes dort zu verankern – aber diese Lichtspuren müsst ihr jetzt wieder zurückholen!

Chamuel: Haben wir auf den anderen Planeten, um dort das Erbe Gottes verankern zu können, mit vollem Gewahrsein, wer wir sind, inkarniert?

Sangitar: Ja, ihr habt auf diesen Planeten immer als höchstes Licht, als Avatare, inkarniert. Außerdem habt ihr nicht eine Inkarnation, sondern viele Inkarnationen auf den Planeten vollzogen, um dort als Avatare, als höchste, göttliche Lichter, Energiespuren zu hinterlassen. Unser Planet Sol'A'Vana ist einfach etwas Besonderes, weil Jesus, Gottes Sohn, bei uns in der Dualität war. Also war es wichtig, dass viele von uns auf andere Planeten gingen, um dort bestimmte Energien und Lichtspuren zu setzten – und zwar immer jeweils als höchstes Licht eures Selbst.

Chamuel: Du hast erwähnt, dass es wichtig ist, die Lichtspuren, die wir einst auf anderen Planeten gesetzt haben, wieder zurückzuholen. Ist das deshalb notwenig, um das gesamte Erbe Gottes in uns aktivieren zu können?

Sangitar: Ja, das ist ganz wichtig! Wenn ihr euch vorstellt, dass ihr vielleicht achtzig oder hundert Mal auf einem Planeten als höchstes Licht inkarniert habt, dann könnt ihr euch vorstellen, wie viel Energie ihr dort gelassen habt! Es ist ja jetzt schon so, wenn wir jetzt hier in diesem Zimmer sitzen und du würdest nach Hause gehen und ich bleib da, dann würde ich spüren, dass noch eine Energie von dir hier vorhanden ist. Da kannst du dir vorstellen, wenn das in vielerlei Inkarnationen geschehen ist, wie viel Energie du dort gelassen hast.

Jetzt in dieser Zeit ist es in Verbindung mit der Sol'A'Vana-Energie und dem Erbe Gottes ganz wichtig, diese Energie, die einst euer höchstes Licht repräsentiert hat, wieder zurückzuholen. Bei dem Planeten Eris wäre das zum Beispiel eure göttliche Kraft.
Es ist deshalb ganz wichtig, damit ihr euer Erbe Gottes zur Gänze entzünden könnt. Das ist für euer Verständnis vielleicht auch noch wichtig: Entzünden könnt ihr euer Erbe Gottes immer, aber eben nicht zur Gänze. Das ist ähnlich wie bei den Gelöbnissen. Viele fragen sich manchmal: „Wie oft muss ich ein Gelöbnis noch auflösen, damit es endlich weg ist?" Solange, bis deine Seele „Ja!" sagt.
Mit dem Erbe Gottes ist es genauso. Mit anderen Worten: Es wäre für euch gut, euch mehr als ein Mal mit Botschaften zu beschäftigen, die das Erbe Gottes entzünden. Das meine ich ernst und sage es

nicht, um einfach nur Werbung zu machen. Ihr bekommt eine Information und macht jedes Mal etwas daraus. Ihr öffnet euch und da ihr aber so viele Erbteile in euch tragt, wird sich eure Seele erst einmal eins aussuchen, was ihr vertraut ist, und entzündet dies. Beim nächsten Mal entzündet sie wieder eins und so weiter. Und dann leuchten zwar schon alle Erben Gottes, alle Feuerperlen in euch, aber das Leuchten reicht nicht aus. Sie müssen richtig lebendig sein. Je öfter ihr euch also mit den Feuerperlen beschäftigt, desto besser. Das ist auch wichtig für euer Bewusstsein, denn das ist in vielen Dingen so. Im Grunde genommen, ist das in allen energetischen Arbeiten so: Ein Schritt, ein Atemzug würde ausreichen – aber da wir Menschen in der Dualität sind, müssen es eben manchmal hundert Atemzüge sein.

BAHEEA

Deine Reise auf verschiedene Planeten

Ich bin Baheaa. Ich bin ein mächtiges Licht. Baheaa lädt dich ein, mit einigen deiner Aspekte auf eine weitere Reise zu gehen, die dich zu verschiedenen Planetenbewusstsein führen wird – und hierfür wird dich dein Einhorn oder dein Drache tragen und dich durch die Energien durch Raum und Zeit zu dem Planetenbewusstsein führen.

Zentriere dich. Atme den Kristall Sol'A'Vana in dich hinein.

Während du dich vorbereitest, deinen Sinusstrahl aktivierst und darauf den Kristall Shadees setzt, werden die hohen Lichter dich auf allen Ebenen erden.*

** Mehr über den „Sinusstrahl" findest du auf Seite 251.*

Öffne dein Inneres Auge. Rufe deine Persönliche Engelsgruppe und bitte sie, die Aspekte – so, wie es für dich richtig und gut ist – zu verbinden und sie einzuladen, auf eine Reise zu gehen.

Und während dies geschieht, kannst du mit deinem Inneren Auge sehen oder fühlen, wie sich dir dein Einhorn oder dein Drache nähert.

Blicke dein Einhorn und deinen Drachen an und baue eine Verbindung der Vertrautheit auf.

Und wenn dein Einhorn oder dein Drache bereit ist, wirst du eingeladen, aufzusteigen und durch Raum und Zeit zu fernen Planeten zu reisen.

Dies ist eine hochenergetische Reise und sie führt dich zu dem Planeten Marajanas. Dort angekommen, wirst du fühlen oder sehen, dass du schon erwartet wirst – von kindlichen Wesen voller Weisheit, die dir Geschenke überreichen.
Sie wollen Kontakt mit dir – und so lasse dir etwas Zeit, um dir von den Geschehnissen des Planetenbewusstseins erzählen zu lassen.
Dann verabschiede dich von diesen liebenden Wesen.

Dein Drache oder dein Einhorn, sie bringen dich zu dem Planeten Landras. Auch hier haben sich die Bewohner versammelt – um das Perlenfeld herum. Sie erwarten dich und auch sie halten Geschenke für dich bereit.
Auch sie möchten mit dir in Kontakt treten. Lasse es geschehen und sammle die Geschenke ein und lasse dich lieben. Vielleicht wird dir hier geheimes Wissen übertragen werden.
Nimm es mit – energetisch.

Dein Einhorn, dein Drache bringen dich jetzt durch Raum und Zeit zu dem Planetenbewusstsein Eris. Dort findest du die Kraft. Auch hier haben sich viele Wesen versammelt, um dir Geschenke zu überreichen.
Doch hier wirst du auch erfahren, ob du zu einem Galaktischen Reiter der Energien gehörst oder zu einer Sternenwanderin. Denn hier haben viele Lichtarbeiter viele Inkarnationen verbracht. Spüre, die Antworten und sammle sie ein.
Mit An'Anasha verabschiedest du dich.

Und nun wirst du auf den Planeten Partoos gebracht. Dort wurden vielerlei Vorbereitungen für dich getroffen, denn die Bewohner von Partoos sind den Menschen sehr ähnlich. Sie haben den Höhepunkt des Aufstiegs vollzogen. Während dies geschah, hat sich Sherin manifestiert und ein Lichtgebet mit ihnen gesprochen. Sie lieben euch Menschen so sehr und du wirst sehen, wie viel Informationen sie für dich haben.

Sie werden dich in das Gnadenfeld der Vollendung führen, dir aber auch die Energien der neuen Technologie überreichen. Doch besonders ist die Freude, mit der sie dich begrüßen! Sie haben in ihrer Liebe so viele Vorbereitungen getroffen, von denen sie annehmen, dass sie dich erfreuen: Sie haben Blumenblüten manifestiert. Sie lassen Töne erklingen, während du im Gnadenfeld der Energie baden wirst. Und so freue dich auf die Begegnung!

(Lasse dir hierfür etwas Zeit.)

Dein Einhorn oder dein Drache bringen dich jetzt wieder zurück und fügen die Aspekte zurück in dein göttliches Licht. Sie fügen sie ein und betten sie ein.

Die Persönliche Engelsgruppe, der Goldene Engel haben sich versammelt. Verabschiede dich von deinem Drachen oder Einhorn.

Lasse dir von Baheaa die Botschaft überbringen, dass die Geschenke, die du erhalten hast, so eingebettet worden sind, dass sie sich dir in der linearen Zeit im Erinnerungsfeld öffnen. Das kann im Tagesbewusstsein oder in der Nacht geschehen. Doch wirst du alle Geschenke sehen, spüren und wissen, was sie für dich persönlich bedeuten.
Baheaa war es eine große Freude für dich zu wirken – mit dir gemeinsam. Und ich verabschiede mich mit den Worten: A ni o'heved o'drach!

An'Anasha!

ENGEL CHAMUEL

Deine Lichtarbeit als Avatar auf anderen Planeten

Ich bin Chamuel und ich begrüße dich mit den Worten – Omar Ta Satt –, mein liebster Lichtarbeiter. Heute wirst du eine sehr wichtige und wertvolle Botschaft erhalten, die dich solange begleiten wird, so lange euer Planet noch in der Dualität schwingt. Sol'A'Vana Lady Shyenna hat sich für den Aufstieg schon bereit gemacht! Diese Botschaft ist der Beginn von Sol'A'Vana! Sie wird Verbindungen erschaffen, Verbindungen zusammenführen und Energien – wiederkehrende Energien – in sich aufnehmen.

Wenn ein Mensch in einem Raum ist, eine starke Energie aussendet und diesen Raum verlässt, schwingt die Energie noch lange nach. Als ihr hohen Lichter erstmals auf Sol'A'Vana gegangen seid und versprochen habt, die Planeten nach Hause zurückzuholen, habt ihr eine Verantwortung übernommen. Ihr habt euch dieser Verantwortung in vielerlei Inkarnationen gestellt – hier auf Sol'A'Vana. Doch selbst als ihr euch zwischen den Zeitepochen im Universum hättet ausruhen können, habt ihr auf verschiedenen Planeten inkarniert, um als Avatar eure Meisterenergie – die Energie, die alles trägt und in sich birgt – zu verbreiten. Für viele Planeten war es notwendig, dass die höchsten Avatare des Planeten Sol'A'Vana auch dort inkarnieren, um mit der größten Kraft die Spuren des Lichtes zu hinterlassen!

Manchmal fühlen sich viele Lichtarbeiter, als wenn sie mit sich selbst nicht eins wären; als wenn ein Teil von ihnen fehlen würde – und dies ist tatsächlich so. Vielleicht hast auch du als Avatar so viele Inkarnationen auf anderen Planeten verbracht – mit der Stärke deiner ganzen Kraft. Dort hast du ein Stück deiner Energie zurückgelassen. Gottes Atem Sol'A'Vana beginnt einzufließen und deshalb ist es vermehrt wichtig, deine Avatar-Energie von den Planeten wieder zu dir zurückzuholen.

So beginnt die erste Vereinigung der Energien von Sol'A'Vana. Dieser Schritt ist ein sehr wichtiger Bestandteil für das Verbinden der Energien in dir selbst. Was glaubst du, wie viel Energie du auf den Planeten hinterlassen hast, wenn du mit allen Aspekten deiner Selbst dort gewirkt und Spuren gesetzt hast?

Durch das Wirken von euch Avataren wurde es erst möglich, dass diese Planeten den Aufstieg schon vollzogen haben. Vielleicht bist auch du wesentlich daran beteiligt gewesen. Wenn du dich sehr stark zu diesen Planeten hingezogen fühlst, fühlst du richtig, denn dann fühlst du auch ein Stück deiner eigenen Energie. Aus diesem Grund ist diese Information für dich sehr wichtig und es ist dir dienlich, die Reise mit Baheea immer wieder zu vollziehen. Du bist ein leuchtendes Licht! Wenn du hier auf Sol'A'Vana einen Raum verlässt, wirkt deine Energie nach. Menschen, die nach dir diesen Raum betreten, fühlen deine Stärke, deine Kraft und deine Energie. Spüre, was es bedeutet, diese Energien von verschiedenen Planeten zurückzuholen, in dir zu vereinigen und gleichzeitig für das große Ganze etwas zu tun, was von hoher Lichtarbeit zeugt.

Es ist eine Zeit, in der Sol'A'Vana die Energien vereint. Gottes Atem wird alles benetzen, das Erbe Gottes entzünden – in dir selbst und auf deinem Planeten. Es ist die Zeit gekommen, dass sich alle Energien immer tiefer und tiefer vereinigen. Dann wirst du spüren, wie wichtig all das war und ist, was du tust. Diese Energien beinhalten mehr als nur Worte. Diese Schwingungen werden von höchster Liebe getragen!

Wir sind sehr tief mit dir und deiner Aufgabe verbunden. Wir lieben dich so unermesslich!

An'Anasha!

JESUS CHRISTUS

Du bist das Beste, was Sol'A'Vana trägt

Ich bin, der ich bin, der ich immer war und immer sein werde. Ich bin Jesus Christus der Sohn. Ich blicke zu dir und überbringe dir die Botschaft als Jesus, denn tief verschmolzen mit mir bist du, mein liebster Lichtarbeiter.

Die Worte: „Die Weiße Priesterschaft ist der Beginn von etwas viel Größerem“, wurden einst übermittelt. Das Größere heißt Sol'A'Vana! Ich blicke zu dir und ich sehe deine Bereitschaft, dein offenes Herz und deine Liebe, Sol'A'Vana willkommen zu heißen, denn du spürst, dass dies die Energie der Verbindung ist, die den Vollkommenen Ton erzeugt.
Es ist die Zeit der Vorbereitung – auch für dich – und mit Sol'A'Vana werden sich nicht nur die Energien, sondern auch die Informationen verändern: Was bedeutet es, die Gralsenergie in sich zu entzünden, das Erbe Gottes, die höhere Macht, Excalibur?

Viele Fragen, die du hast und auf deiner Seele brennen, werden mit Sol'A'Vana beantwortet. Vieles, was noch kommt, wird ganz neu für dich sein. Doch diese Informationen können erst jetzt, zu dieser Zeit, preisgegeben werden, denn es gilt auch Energien zu schützen und sie genau dorthin zu bringen, wo sie Früchte tragen – und jetzt ist die Zeit, die Herzen eines jeden Menschen zu öffnen und den Atem Gottes fließen zu lassen.
Ich bin bei dir und erscheine dir, wann immer du es möchtest. Von Herz zu Herz, in der verschmolzenen Liebe, in der wir eins sind, sage ich dir als Gottes Sohn: A ni o'heved o'drach!

Spüre die Liebe des Christus, die Verbundenheit mit Jesus. Denn nichts ist tiefer in dir verankert als der Same des Christus, der dich emporhebt, dir zeigt, mit der höheren Macht das Erbe auf dem Planeten zu entzünden, den Vollkommenen Ton zu erzeugen, die gesamte Geschichte von Jesus übermittelt zu bekommen, von Excalibur, König Arthur, den Schätzen der Bundeslade. All das wird dazu beitragen, dass sich die Energien vereinigen.

Es ist Zeit für Jesus zu dir An'Anasha zu sagen, denn allein die Bereitschaft, Sol'A'Vana willkommen zu heißen, zeigt deine Absicht, die Planeten nach Hause zurückzuholen und in der Anpassungsphase für all jene Menschen da zu sein.

Mit den Worten: „Du bist das Beste, was Sol'A'Vana trägt!", verabschiede ich mich – mit der Liebe, die nur Jesus als Gottes Sohn so tief für einen Menschen empfinden kann.

A ni o'heved o'drach!

An'Anasha!

KRYON

Dein Geben und Nehmen von Planetenenergien

Ich bin Kryon und ich begrüße dich mit den Worten: Omar Ta Satt!

Du hast dich eingefunden, um die Botschaften der Liebe und der Freiheit zu vernehmen. Du wurdest auf die Neue Zeit vorbereitet, doch wurden auch jenseits des Schleiers Vorbereitungen getroffen. Und so hast du Geschenke erhalten und wirst weitere Geschenke erhalten, denn dein Herz und deine Seele sind offen für die Wahrheit. Auch wenn dein Verstand dir etwas anderes sagen möchte, deine Seele kennt die Wahrheit: Die Botschaften der Liebe bringen dich in die Freiheit! Sie lassen dich zu dem werden, was du immer schon warst. Sie betten die Energien so

sanft ein, sodass du selbstbestimmt, in völliger Kraft und Freiheit deinen Alltag als Lichtarbeiter vollziehen kannst.
Wir jenseits des Schleiers tun alles dafür, um dich zu unterstützen! Wir greifen nicht in deinen Willen ein – wir manipulieren nicht! Wir sind nur voller Liebe für dich und übermitteln dir die Botschaften der höchsten Erkenntnis des Lichtes. Labe dich daran! Lasse dich fallen im Vertrauen und Mona'Oha, dass alles was geschieht, dir zum Höchsten dienlich ist und für dich dadurch sehr vieles leichter wird!
Denn die Zeit ist nah und die Freiheit ist so eine wichtige Energie. Denn viel zu lange schon hast du dich in vielen Inkarnationen, aber auch in dieser Inkarnation, in deiner Freiheit einschränken lassen. Denn das Kollektiv der Menschen sagt dir immer wieder, wie du zu sein hast; was du zu tun hast; was richtig oder was falsch ist. Doch wir sagen dir: „So wie du bist, bist du genau richtig und gut! So wie du bist, bist du das Beste, was Sol'A'Vana trägt!" Denn du hast so viel Mut, so viel Stärke, dass du diesen Weg der Spiritualität gehst; dass du deinen Verstand beiseitelegst, dein Herz öffnest und verstehst, dass es mehr gibt, als der Verstand es dir erlaubt.

So verstehe: Es sind die Energien des Herzens, die Energien der Wirklichkeit jenseits des Schleiers, die hochenergetisch in deine Aspekte eingebettet werden. Mit jedem Wort, mit jeder Botschaft wirst du beflügelt, immer tiefer in die Erkenntnis zu kommen, dass dein Leben auf Sol'A'Vana ein Schönes sein soll – voller Freiheit, Fülle, Freude, Geborgenheit und Frieden! All das wirst du erfahren – die großen und kleinen Wunder!
Jeder Mensch auf Sol'A'Vana trägt dieselbe Sehnsucht in sich. Ein jeder Mensch auf diesem Planeten sehnt sich nach Liebe, Verständnis und Freiheit. Wir bringen diese Energien in der großen Fülle zu dir, damit du diese Liebe, dieses Verständnis zu den Menschen trägst – ohne sie zu manipulieren! Verstehe einfach, dass manche

Menschen noch nicht bereit sind, sich für die hohe Spiritualität zu öffnen, begegne ihnen dennoch mit einem Lächeln, freudigen Augen, einem offenem Herzen und dem Wissen, dass in einem jeden Menschen das göttliche Licht brennt! Dies ist eine hohe Form der Spiritualität!

Als der höchste Thronenengel in der Merkaba Gottes, Yoah'Toh, sich voller Liebe von der Merkaba Gottes abgetrennt hatte, explodierte diese Energie und riss ein Feld in die Tiefe. Entfernt von den göttlichen, magnetischen Linien wurden 389 Planeten in die Tiefe gerissen. So war es für viele im Universum ein Prozess, der stattgefunden hat, und man wusste erst nicht, was man tun konnte, um diese Planeten wieder in die göttlichen Linien zurückzuholen. So wurden die Nunis aus einem anderen Universum gerufen, um ein planetares Gitternetz um die jeweiligen Planeten zu legen, damit sichergestellt wird, dass sie sich nicht weiter entfernen. Und es wurde auch ein planetares Gitternetz in jedem einzelnen Planeten verlegt. So denken viele Lichtarbeiter, dass ihr von diesen Planeten getrennt seid, doch durch das planetare Gitternetz sind alle Planeten miteinander verbunden! Und doch bildete sich um jeden Planeten eine eigene Energie der Dualität. Euer Planet wurde ausgesucht, dass Jesus Christus auf Sol'A'Vana zu euch kam. Oft unbewusst habt ihr durch das planetare Gitternetz viele Energien zu den anderen Planeten geschickt.

Im Moment sind es fünf Planeten, die sich besonders in der Ausdehnung befinden. Diese Planeten heißen Landras, Partoos, euer Planet Sol'A'Vana, Marajanas und Eris. Versuche einmal, wenn du jetzt in die Tiefe gehst, die Grundschwingung dieser Planeten zu fühlen. Fühle diese Grundschwingung.
Immer dann, wenn du zum Beispiel im Kollektiv der golden-blauen Frequenz deinen Ursprungsnamen sprichst, werden Gruppen-

muster in das planetare Gitternetz eingeflochten und sie fließen auf die anderen Planeten über. Es ist ein Ausgleich zwischen Geben und Nehmen, denn die anderen Planeten schicken gleichzeitig auch euch Menschen Energie.
Landras schickt euch Energie des Perlenfeldes. Eris schickt euch die männliche Energie und die Stärke. Marajanas schickt euch die Kristallenergie. Partoos schickt euch die Gnadenenergie. Denn auch sie betten diese Muster im planetaren Gitternetz ein. Und so kommt es zu Wechselwirkungen der Energien, die sich gegenseitig benetzen und erheben. So entsteht eine tiefe Verbindung zwischen all diesen Planeten. Fühle dich ein und spüre die Verbindung durch das Liebesband, das ebenfalls zwischen den Planeten geknüpft wurde.

Wenn du jetzt deinen Ursprungsnamen nennst oder dich tief mit deiner Ursprungsenergie verbindest, werden viele verschiedene Muster sofort in das planetare Gitternetz und zu den jeweiligen Planeten gebracht.

Gleichzeitig fließt jetzt Stärke, Kristallenergie, Gnadenenergie und die Energie des Perlenfeldes zu dir über, denn auch hier gilt die Gesetzmäßigkeit des Ausgleiches zwischen Geben und Nehmen. Öffne dein Herz und empfange diese Energie.

Euer Planet wurde auserkoren, das Liebesband für Yoah'Toh zu knüpfen. Wenn dieses Liebesband ausgedehnt und zum Leben erweckt ist, wird es in das planetare Gitternetz eingebettet. Und wenn sich der Aufstieg vollzieht, wird jegliche Luziferenergie durch die Liebesenergie transformiert und wird sich auf alle 389 Planeten ausdehnen. So kann sich ein planetarer Aufstieg vollziehen! Diese Verknüpfungen zwischen den Planeten sind sehr wichtig, denn es wird auch ein planetarer Vollkommener Ton ertönen.

So wie jeder einzelne Planet einen Vollkommenen Ton von sich geben wird und ihr auf Sol'A'Vana alle einen Vollkommenen Ton in euch hören werdet. Eure Ursprungsenergie trägt wesentlich dazu bei, dass sich hochenergetische Muster der einzelnen Töne im planetaren Gitternetz einbetten.

Noch immer fließt die Energie zu dir – so, wie du die Energie zu den Planeten fließen lässt.

Die Bewohner von Partoos, sie sind euch Menschen sehr nah. Sie arbeiten sehr viel mit der Gnadenenergie.

Der Planet Landras lässt die Erwachungsenergie in das planetare Gitternetz fließen und sie wird zu den Planeten abgeleitet, die in der Energieausdehnung so weit sind, dass sie den Aufstieg vollziehen können.
Doch ist es uns ein großes Anliegen, dass erst einmal einige Planeten von sich selbst heraus den Aufstieg vollziehen, bevor sich der große, planetare Aufstieg vollzieht – denn dadurch wird die Anpassungsphase für alle leichter.

Eris ist ein sehr männlicher Planet. Es fließt sehr viel Stärke und Kraft.

Marajanas arbeitet mit hochenergetischen Kristallen, mit Formationen.

(Nimm dir etwas Zeit, all diese Energien zu spüren.)

Auf diese Weise erhöhen die Planeten die Energie stetig und doch tragt ihr Erdenbewohner die Verantwortung, denn auf eurem Planeten hat sich Jesus als Mensch manifestiert! Er ist in die

Dualität gegangen. Auf Sol'A'Vana befinden sich die Feuerperlen des Erbes Gottes, dass in jeder Zeitepoche hinterlassen wurde. Durch die Einweihung der Weißen Priesterschaft, durch das Prosonodo-Licht und die Eleua-Energie, durch die Ursprungskraft deines Ursprungsnamens in Gruppen ist es möglich, vielen anderen Planeten zu helfen, sich weiter auszudehnen. Denn das Ziel, das höhere Ziel ist, alle 389 Planeten in die göttlichen Linien zurückzuholen.
Du kannst sehen, dass dies schon geschieht, denn viele Strukturen im Außen brechen zusammen und man kann sich nicht mehr an vielem festhalten. Doch du kannst dich an dem festhalten, was in dir ist: an deiner göttlichen Macht, deiner Spiritualität und deiner Liebe! Denn noch vieles wird sich im Äußeren verändern, doch du wurdest vorbereitet und bist hier. Du kannst dich fallen lassen – Mona'Oha!

So sagt Kryon zu dir: Deine Absicht, die du bekundest, ist so überaus wichtig, denn mit Absicht können beide Seiten am tiefsten wirken und so können sich die Veränderungen schneller vollziehen. Auch wenn im Außen das Chaos herrscht und alles zerbricht – du wirst stärker, denn du weißt, wer du bist. Du verschließt nicht deine Augen, sondern du öffnest dich für das Neue – und das Neue wird wunderbar werden!
So haben sich viele Wesen versammelt, um euch Lichtarbeiter zu unterstützen und euch die Energien zuzuflüstern: „Vertraue, vertraue, vertraue!" Wir wissen, wie viele Ängste und Sorgen dich im Alltag plagen. Doch wenn du dich umsiehst, erkennst du, dass die meisten Menschen hilflos und verunsichert sind, was in dieser Zeit passiert. Der Unterschied ist, dass du weißt, was passiert, und dass letztendlich, wenn das Äußere zerbricht, das Neue geboren wird: eine Neue Erde, auf der die Menschen voller Freude, in menschlicher Liebe, in Fülle, in Frieden, voller Geborgenheit

miteinander leben und sich der hohen Spiritualität öffnen – so, wie es auch auf den anderen, bereits aufgestiegenen Planeten war.

In dieser Zeit – wir nennen das Anpassungsphase – bist du gefragt, die Menschen, die dich aufsuchen, voller Liebe in ihren Energien auszudehnen und ihnen zu berichten. Denn alles, was zählt, ist die Liebe! Hinter jeder Angst steht die Liebe! Hinter jeder Sorge steht die Liebe! Egal, welches Problem sich ein Mensch auch kreiert, er kreiert sich auch die Lösung. Fordere die Menschen auf, ihren Fokus auf die Lösung zu lenken – dann kann Wunderbares geschehen!
So wirst du viele Wunder erfahren! Doch es ist sehr wichtig, dass du die kleinen Wunder auch erkennst, die sich in deiner Seele offenbaren: die Freude, das Miteinander, die Stärke, das Spüren der Energie, die lichten Wesen, die bei dir sind, dich halten und die dich so unermesslich lieben! Denn sie rufen dir zu: „Du bist genau wie wir selbst. Wir unterscheiden uns nicht voneinander – nur, dass wir jenseits des Schleiers ein höheres Bewusstsein tragen. Wir wollen dich daran teilhaben lassen. Denn du warst doch so mutig, dich in so vielen Inkarnationen in die Dualität fallen zu lassen!"

Du wirst unermesslich geliebt!

An'Anasha!

SABINE SANGITAR

Über vier aufgestiegene Planeten

Chamuel: Liebste Sangitar! Ich würde mich sehr freuen, noch mehr Informationen von dir über die einzelnen, bereits aufgestiegenen Planeten zu bekommen. Der erste Planet, der von der Geistigen Welt genannt wird, ist Landras. Es wurde vom „Perlenfeld Gottes“ gesprochen. Hat das etwas mit Jesus und dem Prosonodo-Licht zu tun? Ist Landras als erster Planet aufgestiegen, weil der Planet eine tiefe Verbindung zu Jesus trägt?

Sangitar: Ja, aber auch nur deshalb, weil ihr als Avatare dort so viele Lichtspuren hinterlassen habt. Das ist eigentlich ein ganz gutes Beispiel: Ihr habt auf Landras mehrfach inkarniert, um dort dieses Perlenfeld aufzubauen. Mit diesen Lichtspuren sind die ursprünglichen Bewohner von Landras dann aber sehr sorgsam umgegangen. Sie haben es mit einer solch großen Sorgsamkeit und Liebe genährt, dass daraus ein so großes, energetisches Feld entstanden ist, dass sich der Aufstieg vollzogen hat. Aber ohne euch hätten sie das Perlenfeld nicht entstehen lassen können.

Chamuel: Bedeutet das, dass wir zu Lebzeiten von Jesus auf Landras inkarniert haben?

Sangitar: Ja, aber auch schon vorher. Jesus in seiner Inkarnation als Mensch – so, wie wir ihn kennen – ist eine Sache, aber die Energie von Gottes Sohn, das Christusbewusstsein, hat es von Anfang an gegeben. Zur Lebzeit von Jesus habt ihr vielleicht ein oder zwei Inkarnationen auf Landras gehabt, aber weit vorher habt ihr dort diese Christusenergie verankert, die jetzt als Jesusenergie bekannt ist. Zu den Zeiten, in denen ihr auf Landras inkarniert habt, war es einfach die Christusenergie – und die gab es ja schon immer.

Chamuel: Wenn du zum Perlenfeld reist, was siehst du da?

Sangitar: Ich sehe ein blühendes Feld voller Farben und Formationen.

Was mich tief, tief beeindruckt, ist, wie sorgsam die Bewohner von Landras mit diesem Perlenfeld umgehen. Da darf nicht einfach jeder rein. Zuerst wirst du energetisch überprüft, mit welcher Absicht du da hinkommst. Die Bewohner von Landras sind im Gegensatz zu uns Menschen sehr, sehr sorgsam – das ist jetzt natürlich eine subjektive Bewertung von mir. Sie würden niemals eine Energie durchlassen, die nicht in höchster Absicht ist. Nur Wesen mit der höchsten Absicht dürfen dieses Feld betreten. Das fand ich tief, tief beeindruckend.

Chamuel: Können wir uns das wie mit den Pyramiden von Ägypten vorstellen, die jeder Mensch kennt, die aber nicht für jeden frei zugänglich sind – denn die sind ja inzwischen auch eingezäunt worden –, oder befindet sich das Perlenfeld auf einer anderen Dimensionsebene, sodass es, bevor sich der Aufstieg von Landras vollzogen hat, nicht von jedem Bewohner gesehen werden konnte?

Sangitar: Doch, doch, doch – das Perlenfeld war ganz bekannt. Der Vergleich mit den großen Pyramiden ist eigentlich ganz passend. Die Pyramiden kennt auch jeder Mensch auf diesem Planeten. Das Perlenfeld kannte auch vor dem Aufstieg schon jeder Bewohner auf Landras. In unseren Worten gesprochen, gab es da ganze Völkerwanderungen, die sich zum Perlenfeld aufgemacht haben.

Chamuel: War das wie beispielsweise bei uns die Reise nach Mekka?

Sangitar: Ja. Sie haben auf dem Weg dorthin schon gesungen und gebetet. Also, ich kann das ja immer nur in unserer Sprache zum Ausdruck bringen. Sie waren völlig in dieser Energie und haben sich vorbereitet. Das meine ich mit „Sorgsamkeit". Die Sorgsamkeit und Achtsamkeit hat mich tief beeindruckt. Das beeindruckt mich immer noch zutiefst. Wegen dieser Sorgsamkeit waren es auch die Ersten, die aufgestiegen sind – das wundert mich eigentlich nicht.

Chamuel: Und es ist für uns wichtig, zum Perlenfeld zu reisen, um das Erbe Gottes, um unsere Lichtspuren zurückzuholen?

Sangitar: Ja, das ist ganz wichtig – zurückholen, zurückholen, zurückholen, und zwar die Energie der Erlösung.

Chamuel: Die Christusenergie, das Prosonodo-Licht, die Eleua-Energie …

Sangitar: Ja, alles, was damit zu tun hat. Landras ist in dem Moment aufgestiegen, in dem die Eleua-Energie durch Shan'Shija freigesetzt wurde. Die Bewohner von Landras haben das förmlich aufgesogen.

Chamuel: Wie schön! Gehen wir zum nächsten Planeten, der bereits aufgestiegen ist: Partoos. Welches Energiefeld existiert dort?

Sangitar: Das Gnadenfeld – die Gnade. Es ist schwer mit menschlichen Worten auszudrücken, was Gnade ist, was Gnade beinhaltet. Wenn ich „Gnade" mit unserem Wortschatz erklären müsste, dann könnte das missverständlich sein, deswegen bin ich da sehr zurückhaltend. Gnade hat etwas mit Würde zu tun. Gnade ist zuallererst eine Energie, die sich durch Raum und Zeit sehr schnell manifestiert. Die Gnade besitzt die Kraft, Energien zu bündeln und mit sofortiger Wirkung irgendwo einzubetten. Das beinhaltet die Gnade.

Chamuel: Wenn ich an Gnade denke, denke ich auch immer an Wunder. Durch die Gnadenenergie wird ein Feld erzeugt, in dem Wunder sehr viel schneller möglich werden.

Sangitar: Ja, genau so ist es. Die Gnadenenergie ist eine ganz gesonderte Energie, die mit menschlichen Worten nur sehr schwer auszudrücken ist. Die Energieströme der Gnade werden im Universum auch sehr respektvoll behandelt. „Respektvoll" ist das falsche Wort, da im Universum alles mit Respekt behandelt wird, aber diese Energie stellt schon etwas ganz Besonderes im Universum dar. Es ist jetzt nicht so, dass gesagt wird: „Ach, da kommen die Gnadenengel ..." (Sangitar lacht.) Wenn die Gnadenengel kommen, hat das seine Bedeutung, und wenn die Gnadenenergie fließt, ist das etwas sehr Schönes!

Chamuel: Habe ich das richtig verstanden, dass die Gnadenengel Abgesandte von Vater, Mutter, Sohn sind und somit aus dem höchsten Licht kommen?

Sangitar: Ja. Im Übrigen sind sie auch ein Teil von Gottes Atem Sol'A'Vana.

Chamuel: Was ist hilfreich, wenn wir uns jetzt vornehmen, unseren Lichtabdruck von Partoos wieder zurückzuholen? Was können wir uns bildlich am besten vorstellen?

Sangitar: Das ist schwer, denn es ist nicht so wie beim Perlenfeld.

Das Perlenfeld ist ein großes Feld, das auf Landras leuchtet. Die Gnadenenergie von Partoos durchströmt und durchzieht den ganzen Planeten. Es gibt weniger ein Feld, in dem die Gnadenenergie verankert ist, sondern diese Gnadenenergie befindet sich überall auf Partoos. In diesem Fall glaube ich, wäre es einfach wichtig, zurückzureisen, um Bilder aus euren Inkarnationen entstehen zu lassen, um dann diese Energie wieder aufzunehmen.

Chamuel: Mit welchem Energiefeld auf Sol'A'Vana oder mit welcher Zeitepoche ist Partoos eng verknüpft?

Sangitar: Mit dem Goldenen Zeitalter und mit Lemurien. Das kann man aber schlecht sagen, denn die Gnade durchfließt eigentlich jede Zeitepoche. Jetzt natürlich etwas mehr, weil mehr Gnadenenergie durchkommt, und in Lemurien, weil es dort sehr wichtig war. Aber grundsätzlich zieht es sich durch alle Zeitepochen. Die Gnadenenergie ist auch eine sehr verbindende Energie – wie schon gesagt: Es ist ein Teil von Gottes Atem Sol'A'Vana.

Wenn ihr die Gnade in euch entzündet und verbindet, könntet ihr Wunder vollbringen! Anders ausgedrückt: Wenn ihr mit der ganzen Kraft eurer Gnadenenergie wirken würdet, würde das alleine ausreichen, damit ihr Wunder vollbringt!

Chamuel: Wunderbar! Ein weiterer, aufgestiegener Planet ist Eris. Welche Hauptenergie zeichnet Eris aus?

Sangitar: Eris trägt die Kraft der lichten Krieger und der Schöpferkraft. Wir Menschen bewerten Kriegerschaft subjektiv und verbinden es mit Kampf. Aber die lichten Krieger sind jene, die kompromisslos für eine Sache einstehen und sich nicht fragen, ob es taktisch klug oder unklug ist, sondern die einfach einen tiefen

Impuls ihrer Seele in sich spüren und dem folgen. Unter euch gibt es auch einige solcher Lichtkrieger, die eine bestimmte Kraft in sich tragen; die einfach kompromisslos ihren Weg gehen und sich von nichts beirren lassen.

Chamuel: Die in ihrem Herzen etwas ganz Tiefes spüren und diesem Gefühl einfach folgen und voranschreiten.

Sangitar: Ja, unfassbar! Das sind auch Krieger, die sich schützend vor alles Lichte stellen würden und alles abwehren würden, was diese Lichtenergie schädigen könnte. Um das zu verstehen, muss man wieder in Zeitepochen zurückgehen, in denen das absolut notwendig war. Heute ist das natürlich nicht mehr so nötig, aber es ist immer noch unbedingt wichtig, auch solch starke Lichtarbeiter und Lichtpioniere zu haben, bei denen man einfach weiß: „Der ist da – komme, was da wolle!" Das schafft ganz, ganz tiefes Vertrauen!

Chamuel: Du sprichst hier sicherlich von der Zeitepoche Atlantis und von Thot, wo es nicht immer um Liebe, Freude und Vertrauen ging, sondern vor allen Dingen um das Licht auf unserem Planeten. Da ging es um den Kampf zwischen Licht und Dunkel – und damals war es wirklich Kampf um Leben und Tod.

Sangitar: Ja genau. Damals war es Kampf, denn es ging darum, ob Gott einatmet oder nicht. Es ging weniger darum, ob die Menschen ein bestimmtes Energielevel erreichen, sondern darum, dass unser Planet ein bestimmtes Energielevel erreichen musste. Dafür hat Thot mit seiner Gefolgschaft, mit den Avataren und den alten Göttern gesorgt. Heute ist es nicht mehr so sehr Kampf in diesem Sinne, aber es gibt einige unter euch, die diese lichte Kriegerenergie in sich tragen.

Chamuel: Die stehen wie ein Fels in der Brandung – komme, was da wolle.

Sangitar: Ja, unglaublich! Das sind Menschen, die sich auch nicht so schnell beeinflussen lassen, und bei denen man sicher weiß, dass sie den Blick auf das große Ganze ausgerichtet haben; bei denen das große Ganze über dem Persönlichen steht und man sich darauf verlassen kann, dass sie selbst die Verantwortung für ihr persönliches Wohl übernehmen. Bequemlichkeit spielt bei lichten Kriegern keinerlei Rolle. Sie haben vielleicht auch mal was, wo sie zu sich sagen: „Das war jetzt nichts", oder: „Da habe ich gefroren", aber sie nehmen dann eben beim nächsten Mal einfach eine Jacke mit ... Solche Lichtarbeiter und Pioniere sind auch heute noch von großer Wichtigkeit!

Chamuel: Kannst du sonst noch etwas zu Eris sagen, was für uns wichtig ist?

Sangitar: Eris ist ein unglaublich kraftvoller Planet. Wer einmal dorthin gereist ist, weiß, was Kraft, Stärke, Kompromisslosigkeit und Mut bedeuten kann. Das sind Attribute, die uns unglaublich pushen, wenn wir sie zulassen, ohne sie zu bewerten. Ich hoffe, dass sehr viele Menschen in den Genuss kommen werden, auf Eris zu reisen. Am besten sind hierfür natürlich immer die geführten Reisen und wenn ein Kollektiv zusammensitzt, um gemeinsam auf Eris zu reisen und die Kraft zurückzuholen. Das wünsche ich sehr vielen Menschen, denn Kraft und Mut erzeugt Frieden und Frieden ist Sol'A'Vana!

Chamuel: Dann gibt es noch einen weiteren, aufgestiegenen Planeten: Marajanas.

Sangitar: Auf Marajanas ist die Freude zu Hause und die Lichtkristalle haben dort eine besondere Bedeutung. Die Bewohner sind eigentlich Kinder in einem sehr hohen Bewusstsein. Es ist ein ganz eigener Planet mit ganz eigenen Strukturen und Energien, die ich am besten folgendermaßen beschreibe: Es hat sehr viel mit Freude und Leichtigkeit zu tun. Sie leben immer im Jetzt, nicht in der Vergangenheit, nicht in der Zukunft. Sie sind sehr weise und verspielt.

Aber verspielt auf einer Ebene, wo wir Menschen uns noch einiges abschauen könnten. Wenn man das auf Marajanas mal gesehen und gespürt hat, weiß man, was die Geistige Welt damit meint: „Werdet wie die Kinder! Betrachtet es wie die Kinder!" Das ist sehr, sehr schön! Und auch auf Marajanas war es so, dass ihr inkarniert habt, eure Lichtspuren gesetzt habt und oftmals eure Leichtigkeit und Freude dort gelassen habt.

Chamuel: Das sind wohl ganz tolle und hochspirituelle Energien?

Sangitar: Ja und auch so schöne! Also, wenn ihr zuerst auf Eris reist und eure Kraft zurückholt, dann auf Marajanas reist und eure Freude und Leichtigkeit zurücknehmt; wenn ihr am besten alle vier Planeten bereist, dann habt ihr schon sehr viele Lichtspuren von euch selbst zurückgeholt und eine solche Struktur wiedergewonnen, dass ihr euch ganz anders fühlen werdet!

Die Seele möchte immer ganz sein! Der Seelenaspekt möchte sich immer voll und ganz spüren und zeigt euch natürlich auch, dass etwas fehlt. Das fühlt ihr auch alle und stellt immer wieder fest: „Okay, ich kann viel spüren, aber irgendwie fühle ich mich nicht ganz – irgendetwas fehlt." Ja, natürlich fehlt etwas, aber jetzt ist die Zeit, alles zurückzuholen und miteinander zu verbinden!

Chamuel: Landras, Partoos, Eris und Marajanas. Das sind die vier Planeten, die für uns hauptsächlich wichtig sind.

Sangitar: Es gibt noch einen Planeten, der unmittelbar mit uns zusammenhängt und auch mit uns zusammen aufsteigen wird. Aber es ist noch nicht die Zeit, um darüber zu sprechen.

Chamuel: Sehr spannend! Gibt es auf Marajanas ein Feld, das wir besuchen können?

Sangitar: Ja, das Feld der Freude und der Leichtigkeit.

Chamuel: Existiert das vergleichbar wie das Perlenfeld auf Landras?

Sangitar: Das ist ähnlich wie auf Partoos und Eris: Ihr findet es überall auf dem Planeten. Aber im Gegensatz zu Eris haben die Bewohner von Marajanas – ähnlich wie auf unserem Planeten – Wirklichkeitsstätten, in denen sie sehr viel mit Kristallen machen.

Chamuel: Welche Vorbereitungen können wir treffen, um effektiv auf die Planeten reisen zu können, damit das wirklich gut geht?

Sangitar: Ihr solltet immer den Seelenaspekt mitnehmen und den Botschafter der Liebe.

Chamuel: Wäre es auch eine gute Idee, wenn wir auf Marajanas reisen möchten, vorher noch einmal mit unserem Inneren Kind zu arbeiten?

Sangitar: Das würde ich nicht machen, weil dann das Innere Kind vielleicht verfälscht ist. So schnell kann das Innere Kind die Energien nicht aufnehmen. Also, ich würde – wenn überhaupt – mit dem

Inneren Kind reisen, und zwar so, wie es in dem Moment ist. Das heißt, es nicht vorher verändern, nicht mit ihm arbeiten, sondern einfach nur anschauen und so, wie es ist, in der Seele mitnehmen.

Chamuel: Also, ich sehe, du stehst immer wieder vor großen Herausforderungen, um uns alles nahezubringen. (Es wird gelacht.) Deshalb freue ich mich, dass du mit uns so tief in diese Themen hineingegangen bist. Ich – und bestimmt auch die Leser –, wir sind dir dafür sehr dankbar!

Sangitar: Ich bin dir und euch auch für so vieles unsagbar dankbar!

Chamuel: Möchtest du noch etwas Abschließendes sagen?

Sangitar: Ich spüre und weiß, was Gottes Atem Sol'A'Vana für die Menschen bedeutet. Das Schöne an der Sol'A'Vana-Energie ist, dass sie keine Lichtkörpersymptome hervorruft – im Gegenteil, denn die Energie des Friedens beruhigt das ganze System. Dennoch wird eine Kraft freigesetzt, die es möglich macht, die höhere göttliche Macht mit der persönlichen göttlichen Macht zu verbinden!

Ich hoffe aus tiefstem Herzen, dass ihr Folgendes versteht: Mit den „Verbindungen der Energien" ist gemeint, dass die Energien, die in euch selbst sind, verbunden werden. Wenn ihr euch euren eigenen Lichtkörper anschaut und eine Frequenz seht, die in eurer Seele pulsiert – und das ist beispielsweise Christus, das Prosonodo-Licht, die Eleua-Energie, Shan'Shija –, alleine diese Energien zu verbinden, wäre Sol'A'Vana!

Daraus würde Sol'A'Vana entstehen. Wenn ihr das Erbe Gottes miteinander verbindet, entsteht Sol'A'Vana. Wenn ihr die Energien von den verschiedenen Planeten zurückholt, entsteht Sol'A'Vana.

Und Sol'A'Vana verbindet Sol'A'Vana. Ich weiß nicht, wie ich das sagen soll: Sol'A'Vana ist – göttlicher geht's nicht!

Alleine, wenn ihr eure Traurigkeit zur Freude werden lasst – darüber, dass die Sehnsucht euch in eurer Entwicklung höher trägt –, ist das schon Sol'A'Vana. Das wäre Frieden. Das hat Jesus immer gesagt und das hat mich zutiefst beeindruckt. Wenn ihr das dann auch noch spüren könnt, dann wird die Traurigkeit bei euch einen anderen Platz einnehmen, weil sie verbunden worden ist – und daraus würde Frieden entstehen.

Chamuel: Heißt das, dass die Traurigkeit nichts anderes als die Sehnsucht ist, und somit auch die Anbindung an Gott?

Sangitar: Natürlich! Hättet ihr keine Sehnsucht, würdet ihr euch nicht weiterentwickeln – das ist ein ganz natürlicher Vorgang! Fast in allen Lichtkörpern – mit nur ganz wenigen Ausnahmen – kann ich feststellen, dass die Traurigkeit nichts anderes als die Sehnsucht ist. Würdet ihr euren Blickwinkel und eure Seele auf die Sehnsucht fokussieren, würde sich die Traurigkeit schon verändern. Würdet ihr die Sehnsucht in ihrer Bewusstheit erkennen, begreifen und sie fühlbar machen, würde Freude daraus entstehen und somit Sol'A'Vana!

Chamuel: Klingt total logisch. Also, Traurigkeit ist nicht der Gegenpol, sondern der Ausdruck der Sehnsucht in der Dualität. Sie bedeutet aber in der Wirklichkeit, dass wir eine tiefe Sehnsucht in uns tragen. Das heißt gleichzeitig, dass wir Gott spüren können oder wir uns erinnern können, dass es Gott gibt. Das wiederum müsste eine große Freude auslösen, weil wir erkennen: Nichts ist getrennt voneinander! Gott ist immer da und es gibt einen Weg zurück – und die Sehnsucht zeigt uns diesen Weg!

Sangitar: Genau. Im Grunde genommen, ist es ganz einfach. Wie immer: Gott ist einfach!

Chamuel: Liebste Sangitar! Ich danke dir – auch im Namen aller Leser – aus ganzem Herzen! An'Anasha!

Sangitar: An'Anasha!

MARIS, DER ARKTURIANER

Für die, die die Liebe im Herzen tragen

Ich bin Maris. Ich bin der Arkturianer, der der Familie des golden-blauen Lichtes so sehr verbunden ist. Ich begrüße dich, Lichtarbeiter, mit den Worten: Omar Ta Satt!

Maris wird eine Botschaft durch das Medium geben. Es wird einige Informationen geben, die für dich ganz persönlich bestimmt sind. Maris ist dein Freund und Begleiter, der Wegbegleiter in die neue Dimension.
So viele Menschen fragen sich immer wieder: „Wie wird es wohl sein, wenn die Planeten in die neue Dimension übergehen?“ Wie du ja schon weißt, betrifft es nicht nur euren Planeten, sondern viele Planeten werden gemeinschaftlich in die Bahnen des göttlichen Magnetfeldes zurückgeholt. Wie wird es sein? Was erwartet euch Menschen?

Zuerst einmal möchte Maris sagen, dass derzeit sehr, sehr viele Arkturianer auf Sol'A'Vana sind, um mitzuwirken! Die Arkturianer wirken mit dem planetaren Gitternetz, mit den Erdverkrustungen

und den Ausgleichungen für die neue Dimension auf Sol'A'Vana. Die Arkturianer sind hohe Lichtwesen und haben bereits einen Aufstieg auf ihrem Planeten erlebt. Ich benenne es mit dem Wort „Aufstieg", weil dir das bekannt vorkommt – doch wir sagen dazu: Es hat eine große Bewusstwerdung auf unserem Planeten stattgefunden. So wird es auch bei euch Menschen sein!
Wie wird es sein? Wie stellst du es dir vor? Was glaubst du, was erwartet dich? Glaubst du, dass du eines Morgens aufwachst und der Aufstieg hat stattgefunden? Derzeit erzählen viele Menschen die verschiedensten Sachen. Sie erzählen es deshalb, weil sie es nicht besser wissen. Die einen erzählen, der Aufstieg hätte schon längst stattgefunden; die anderen erzählen, dass es genau so sein wird: Du wirst in der Früh aufwachen und der Aufstieg hat sich vollzogen. Doch Maris sagt dir: Beides ist nicht richtig.
Der planetare Aufstieg hat mit dem Goldenen Zeitalter zu wirken begonnen. Schon zu Zeiten von Lemurien waren sich viele Lichtwesen einig, dass die Planeten wieder zurückgebracht werden. Die Zeit, dies hier alles zu erzählen, ist jedoch zu kurz. Das Goldene Zeitalter war bestimmend für die Atemfrequenz des göttlichen Feldes. Mit der Geburt von Jesus konnte vieles vonstattengehen. Das Goldene Zeitalter war in deinem Herzen – schon zu jener Zeit als du damals inkarniert warst.

Doch jetzt möchte Maris bei dieser Inkarnation bleiben, in der du dich gerade befindest. Es wird von der letzten Phase des Aufstiegs gesprochen und der Aufstieg wurde in mehreren Wellen vollzogen. Das bedeutet, dass sich die Energie des Planeten und die Energie insgesamt – auch bei den Menschen – erhöht haben.
Immerfort und immerwährend – wenn du atmest, atmest du die neue, magnetische Energie ein, die durch die Dimensionstore zu euch Menschen gebracht wird. Durch die Einatmung kann diese Energie weitergegeben werden – zu Lady Shyenna. Die Energie

erhöht sich, doch die Einatmung der magnetischen Energie kann nur dann stattfinden, wenn dein Herz geöffnet und bereit ist. Spirituelle Entwicklung ist in dieser Phase des Aufstieges sehr, sehr wichtig. Maris hat es bereits erwähnt, aber ich finde es so wichtig, dass ihr Menschen davon erfahrt. Deshalb möchte ich es noch einmal wiederholen: Wenn die hohen Lichtwesen zu dir sprechen und dir kundtun, dass es die Liebe in deinem Herzen ist, die dich erweitert, die dich in der Energie prägt und dich erhöht – so ist das die Wahrheit!
Doch auch die Spiritualität ist von bedeutsamer Wirkung für deinen gesamten Zustand in deiner Seele und in deinem Lichtkörper. Gerade jetzt – in diesen Augenblicken – erhöht sich die Energie in deinem Raum. Lasse dich in diesen Augenblicken fallen und nimm die Energie von Maris in dich auf. Mache dies einmal ganz bewusst. Atme die Liebesenergie von Maris in dich ein und sieh die Erweiterung, spüre die Erweiterung!
Warum Maris von der spirituellen Entwicklung spricht, hat seinen Grund – und du, der du dich spirituell entwickelst, dich nenne ich beim Namen! Dich rufe ich auf, gemeinsam für die letzte Phase des Aufstieges zu wirken!

Maris möchte nicht zu sehr auf die Zeit des Aufstieges zu sprechen kommen, sondern Maris möchte, dass du weißt, dass es für dich und viele andere Menschen, die auf dem Planeten wohnen und sich spirituell entwickelt haben; dass es für euch tatsächlich so sein wird: Wenn sich der Aufstieg vollzogen hat, dann wird es so sein, als wenn du von einem Albtraum befreit worden wärst. Du kennst aus der Dualität sicherlich diese Träume, die du manchmal hast; die dich verfolgen und du schweißgebadet aufwachst und mit Erleichterung feststellst: „Oh, es war ja nur ein Traum!" So wird es für viele nach dem Aufstieg sein, die sich entwickelt haben. Ihr werdet mit den Gegebenheiten des Prana-Atmens zurecht-

* *Mehr über die „Prana-Atmung" findest du auf Seite 252.*

kommen. Ihr werdet euch zurechtfinden und ihr werdet die Wirklichkeit so deutlich spüren. Ihr werdet plötzlich die gesamte Liebe, die in euch gespeichert ist und die ihr vielleicht bislang in der Dualität nicht immer voll und ganz spüren konntet, fühlen. Sie wird über euch und um euch herum fließen! Ihr werdet wie nach einem Traum die völlige Erleichterung spüren und ihr werdet sagen: „Ach so, das alles war nur ein Traum. Jetzt bin ich hier in meinem Körper auf dem neuen Planeten Sol'A'Vana. Hier bin ich und jetzt weiß ich, dass all meine Zweifel, die ich jemals hatte, umsonst waren."

Diese Zweifel, mein Freund, dies ist ein Thema von bedeutsamer Wichtigkeit für dich! Höre gut zu, wenn Maris dir sagt: Wenn du auch nur jemals einen einzigen Moment daran geglaubt hast, dass es ein hohes Lichtwesen gibt; wenn du jemals auch nur einen Augenblick daran geglaubt hast, dass es einen Schutzengel gibt, warum zweifelst du dann? Wenn du voller Absicht bist, bräuchtest du nicht mehr zu zweifeln. Diese Zweifel halten dich zurück!

Du sollst vorwärtsgehen und die Zweifel an dir selbst – die Fragen, die du dir vielleicht stellst, wer du eigentlich bist – werden nebensächlich. Die erwachten Lichtarbeiter, sie wissen, wer sie sind; sie haben sich erkannt. Ihr alle seid ein Teil des göttlichen Gedankenfeldes. Ihr alle seid hohe Lichter im menschlichen Körper. Aber selbst den Erwachten fällt es manchmal nicht leicht, immer und zu jeder Zeit zu wissen, wer sie sind.
Zweifel überkommen euch und ihr fragt euch: „Bin ich genug Licht? Bin ich wirklich ein hohes Lichtwesen? Bin ich wirklich voller Macht? Warum kann ich meine Fähigkeiten nicht spüren?"
Ihr stellt so viele Fragen und betrachtet alles aus einem kleinen Blickwinkel heraus, aus einer Enge, die es in der Wirklichkeit nicht gibt. Ihr baut um euch selbst herum ein Gefängnis auf

und erlaubt euch nicht, durch diese Tür zu schreiten und in die Freiheit zu gehen.
Denn Freiheit bedeutet, dass du diesen Zweifel ablegst; dass du – selbst wenn du Tage in der Dualität hast, in denen du nicht ganz erkennen kannst, wer du bist – die Gewissheit in dir trägst: Du bist mehr als ein Mensch! Du bist hohes Licht im menschlichen Körper! Du wohnst auf einem wunderschönen Planeten! Du erlebst eine Bewusstwerdung mit, die es so noch niemals gegeben hat. All das bist du und du trägst dazu bei, dass dies geschehen kann. Jeder Zweifel hindert dich daran, einen Schritt weiterzugehen – einen Schritt in die Richtung höherer Spiritualität. Überlege einmal: Würdest du dich mit der gleichen Absicht mit der hohen Spiritualität beschäftigen, wie du es oft mit deinem Zweifel tust, was würde sich in deinem Leben verändern?
Natürlich versteht Maris deine Belange, deine Sorgen, deine Ängste, weil du in der Dualität lebst. Natürlich weiß ich das. Aber es hilft dir nicht, wenn du darin versinkst. Was hast du für Möglichkeiten; welches Für und Wider gibt es in deiner Entscheidung? Ich kann dir verraten: Auf unserem Planeten – dort wo wir leben; dort wo die Arkturianer zu Hause sind – gibt es keine Entscheidung. Wir haben es leichter als du.

In der Wirklichkeit gibt es keine Entscheidung! Eine Entscheidung, die du in der Dualität treffen musst, hat immer zur Folge, dass du dich für etwas oder gegen etwas entscheidest. Das gibt es auf unserem Planeten nicht. Was es jedoch bei uns gibt, ist die Absicht. Je tiefer unsere Absicht in unserem Licht ist, desto deutlicher geben wir zuerkennen, was wir brauchen, was wir wollen und was wir auch bekommen.
Je tiefer wir in die Absicht gehen, desto mehr leuchtet unser Licht. Das ist unsere Art, uns zu entscheiden. Wir müssen uns niemals gegen etwas entscheiden. Wir – wenn ich das in menschlicher

Sprache so sagen darf – entscheiden uns für die tiefe Absicht. Eine tiefe Absicht lässt unser Licht leuchten, damit es die Elohims erkennen.
Bei euch in der Dualität ist es mit den Entscheidungen etwas anders. Ihr habt das Gefühl, wenn ihr euch für etwas entscheidet, dass ihr auch etwas dagegenhalten müsst. Doch ich sage euch: Auch bei euch funktioniert es mit der Absicht! Du musst dich nicht unbedingt für etwas oder gegen etwas entscheiden. Wenn du in die Tiefe deiner Seele gehst und deine Absicht bekundest, so ist das eine Art Entscheidung. Welche Möglichkeiten bleiben dir denn, wenn du dich für die Spiritualität entscheidest? Gegen was würdest du dich dann entscheiden? Mein Rat lautet: Gehe in die Absicht und zeige der Geistigen Welt und zeige deiner eigenen Seele, zeige deinem Lichtkörper, wie tief und noch tiefer deine Absicht ist, um weiterzugehen und um bei der Bewusstwerdung, die auf dem ganzen Planeten stattfindet, dabei zu sein!

Für die, die sich spirituell entwickelt haben; die die Liebe im Herzen tragen; die eine bestimmte Ausdehnung erreicht und ihre Zellen sich verändert haben – für die wird es nach dem Aufstieg wundervoll sein! Für manche Menschen, die sich dagegen wehren; die sich auch jetzt, in dieser Zeit der Veränderung dagegen wehren; die sich umdrehen und sagen: „Nein, so etwas gibt es nicht. Mein Verstand sagt mir etwas anderes. Ich glaube nicht daran." – für die wird es ein Erwachen andere Art geben. Ihr Lichtarbeiter seid hochentwickelt, sonst wäret ihr nicht hier. Wir wünschen uns so sehr, euch auf eurem Weg zu begleiten. Es ist für uns so wichtig, denn alle Planeten werden gleichzeitig den Bewusstseinssprung vollziehen. Das wird auch im Universum einiges verschieben!

Wir Arkturianer leben auf einem Planeten, der beseelt von der Wahrheit und der Wirklichkeit ist. Unser Planet beinhaltet unglaubliche

Schönheit in Farben und in Schwingungen. Doch euer Planet ist so wundervoll! Ihr habt so viele Dinge. Ihr habt das Wasser, die Meere; ihr habt die Wälder, die Pflanzen. Natürlich werden viele, viele Wesen nach dem Aufstieg auch auf dem Planeten Sol'A'Vana verweilen wollen. Ihr habt unglaublich schöne Körper – auch wenn ihr das selbst etwas anders seht! Ihr habt so vieles, was so wunderbar ist, und was euch manchmal nicht so bewusst ist!

Maris möchte noch einmal sagen: Es geht nicht um die Frage, wie du dich spirituell entwickelst, sondern ob du dich spirituell entwickelst. Es geht hier nicht um die Frage, ob es zu einem planetaren Aufstieg kommt, denn es wird so sein! Wenn du jetzt die Gelegenheit nimmst und mit dieser Energie gehst – in die neue Bewusstwerdung hinein –, dann wirst du so Großartiges erleben! Lass dir gesagt sein: Mehr als du es dir vorstellen kannst, wirst du Glückseligkeit verspüren! Maris weiß, wie viele Dinge dich belasten; welche Ängste du hast – und wie auch immer du dir deinen individuellen Aufstieg vorstellst, eines kann ich dir versprechen: Der planetare Aufstieg wird sich vollziehen!

Mein Versprechen an dich lautet, dass die Hohen Räte des Lichtes – alle hohen Lichtwesen, natürlich alle Arkturianer, aber auch Maris selbst – bei dir sein werden, wenn du es wünscht! Gehe nicht und betrete nicht das Kollektiv der Dualität, indem sich die Menschen abwenden und sagen: „Das glaube ich nicht." Sei dir gewiss, dass du der Erbauer der Neuen Erde bist! Sei dir gewiss, dass du das Licht bist, der Lichtträger, der Fackelträger, der Bote, der Pionier! Du bist das hohe Licht im menschlichen Körper! Genau so, wie Maris und die Arkturianer auf Sol'A'Vana ihre Aufgabe vollziehen, so werden wir euren Planeten Sol'A'Vana nicht mehr verlassen! Wir werden bei dir sein – so, wie Maris jetzt, in diesem Augenblick für dich ganz nah ist!

Atme noch einmal die Energie von Maris in dich hinein. Spüre die tiefe Liebe, die uns verbindet. Ich möchte noch einmal mit aller Deutlichkeit zum Ausdruck bringen, wie wichtig es ist, sich immer wieder weiterzuentwickeln – Schritt für Schritt! Wir erkennen dich an der Absicht. Wir halten nach der größtmöglichen Absicht Ausschau.
Es gibt Lichtarbeiter, die einen bestimmten Level an Energie und Spiritualität erreicht haben und sagen: „Das ist genug. Jetzt habe ich genug getan. Jetzt wende ich mich anderen Dingen zu." Gehöre nicht dazu! Gehe in deiner Spiritualität weiter und bleibe nicht verhaftet, denn jede Verhaftung wirkt hinderlich für dich selbst! Mit jedem Schritt gehst du in die Befreiung, in die Freiheit hinaus! Es wird die Zeit kommen, in der es für dich selbstverständlich ist, dass du auch auf unserem Planten zu Hause bist und dich zu Hause fühlst – so wie auf vielen anderen Planeten. Ich möchte noch einmal darauf hinweisen, dass es nicht notwendig ist, dabei deinen Körper zu verlassen. Die Umprogrammierung der Zellen mit der magnetischen Energie hat bereits begonnen. So wird es geschehen, denn so war es geplant und so wird es auch vollzogen. Es gibt keinen Abweichung und keinen Kompromiss. Sol'A'Vana wird dann aufsteigen, wenn sich die Energie genug erhöht hat.

Nun ist es für Maris Zeit, wieder zu gehen – obwohl mir das sehr schwerfällt. So gerne würden wir noch weitere Botschaften durch das Medium an dich weitergeben. Doch wir bleiben mit dir verbunden. Wir werden wieder durch das Medium sprechen. Du wirst unermesslich geliebt!

An'Anasha!

Nachwort

Liebe Leserin, lieber Leser!

Zu gerne hätte ich beobachtet, was sich bei dir während des Lesens in deiner Seele verändert hat: die bunten Farben, die wie funkelnde Sterne in deinem Inneren aufgeleuchtet sind. Ich wünsche mir für dich, dass du es fühlen konntest!
Solltest du noch nicht in den Genuss von Band 1 und 2 gekommen sein, dann spreche ich hierfür eine leise Empfehlung aus, denn die Bücher bauen aufeinander auf und auch Band 3 lässt sich durch die ersten beiden Bänder noch einmal besser verstehen und aufnehmen.
In welcher Zeit du dich auch immer gerade befindest, während du diese Worte liest, uns steht in wenigen Wochen das Kryon-Festival bevor. Meine Aufregung ist groß, denn nicht nur, dass wir wieder in den Genuss der aktuellsten Informationen zum Wandlungsprozess von Sol'A'Vana kommen, wir werden dieses Mal auch einen Walk-In der göttlichen Mutter Shakti erleben. Was es bedeutet, wenn die weibliche Urkraft so tief in Berührung mit unserem Planeten kommt, kannst du dir sicherlich vorstellen. Vielleicht werden wir in einem weiteren Band auch einmal näher darauf eingehen, was ein Walk-In ist und wozu dieser fähig ist.
Worauf du dich aber mit Sicherheit freuen kannst, sind weitere Botschaften der 36 Hohen Räte und Sabine Sangitar in künftigen Büchern. Nachfolgende Bücher werden noch einmal mehr in die Jetzt-Zeit eintauchen, denn gerade in der Gegenwart verändert sich so vieles und es ist so wichtig, dass du darüber informiert bist und auch weißt, was dich in Zukunft Wundervolles erwarten wird – als Teil der golden-blauen Frequenz; als Teil der Familie.

In Liebe und tiefer Verbundenheit,
Dein Benjamin Chamuel

Glossar

Die Kristalle der Wirklichkeit

Die Kristalle besitzen höchste Energie und stammen aus dem höchsten Licht. Bitte mache dir bewusst, dass jeder Kristall das Bewusstsein eines einzelnen Gottes, Engels oder aufgestiegenen Meisters in sich trägt und eine lebendige Energie ist! Je häufiger du mit den Kristallen arbeitest, desto mehr wirst du spüren, wie kraftvoll und stark die Kristalle sind.

Du kannst die Kristalle kopieren, ausschneiden und damit Wasser, Räume oder Gegenstände energetisieren. Bei Meditationen ist es empfehlenswert, die Kristalle auf deine Chakren zu legen. Wende sie so an, wie deine Intuition es dir rät. Die Energie der Kristalle wirkt immer zu deinem höchsten Wohl, daher können sie nie falsch angewandt werden.

Wenn du dich mit der Visualisierung anfangs schwertust, dann schaue den Kristall direkt an, zeichne ihn dir auf und sprich den Namen laut aus. Entscheidend ist immer, in welchem Bewusstsein du die Kristalle verwendest. Visualisiere dir den Kristall, mache dir die Wirkung des Kristalls bewusst und wende ihn an. Den Namen kannst du dazu laut aussprechen. Wenn es die Gelegenheit nicht zulässt, dann reicht es, ihn nur zu denken. Du kannst die Kristalle über Zeit und Raum verschicken oder anderen Menschen zur Unterstützung senden. Wenn du dich in deinem Vereinigten Chakra befindest und die Kristalle in der Liebesabsicht sendest, dann wirken sie besonders kraftvoll.

Welche Seite des Kristalls oben oder unten ist, spielt dabei keine Rolle. Die Kristalle haben ein eigenes Bewusstsein und suchen sich ihren Weg aus der Wirklichkeit in deine Realität. Wende die Kristalle so oft an, wie es dir möglich ist. Denn dadurch speichert sich das Bewusstsein der Kristalle immer mehr in dein Zellwasser ein.

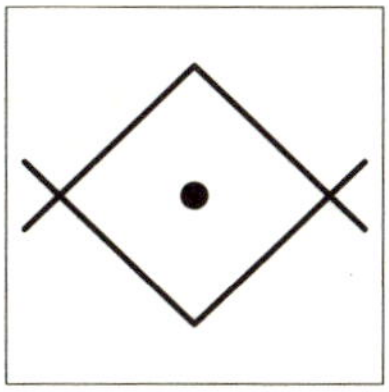

OM TAT SAT = LICHTARBEITER

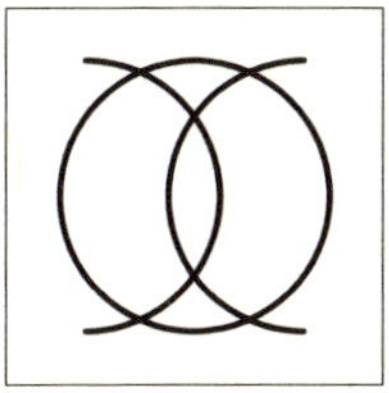

MONA ' OHA = VERTRAUEN

AN ' ANASHA = DANKBARKEIT

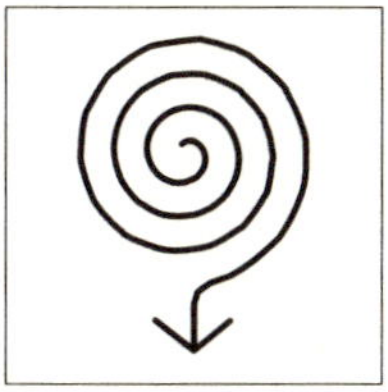

ARĪS = ERDUNG

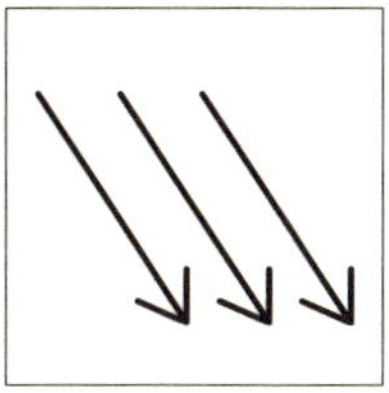

DON ' ĀDAS = GNADE

AVATARA = ZENTRIERTHEIT

ATRANA = REINE GEFÜHLE

MOHĀ ' RA = REINE GEDANKEN

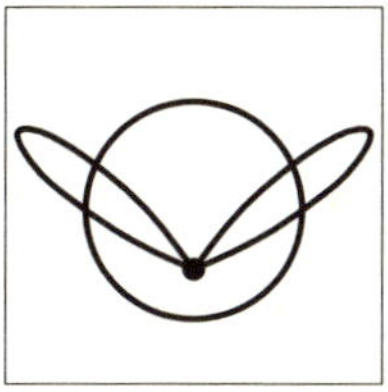

HAR ' ATORA = HARMONIE

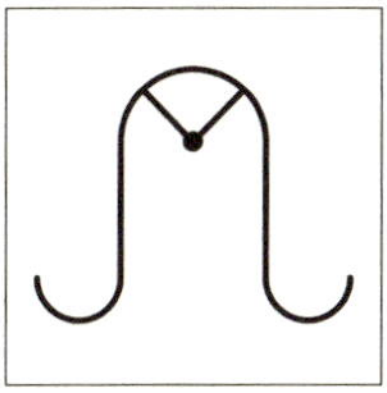

ESCHA ' TA = VERBINDUNG MIT DEM CHRISTUSSELBST

RADA ' SO ' ĀM = LICHTAUFNAHME

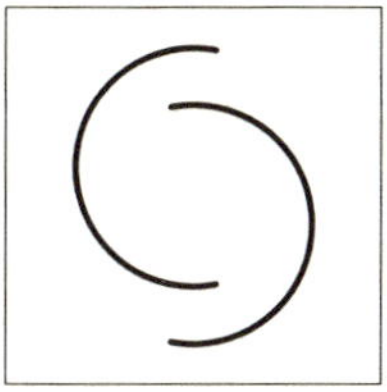

OSAM = HEILUNG

DĀNAS = SEELENSTERN

ASHTAR

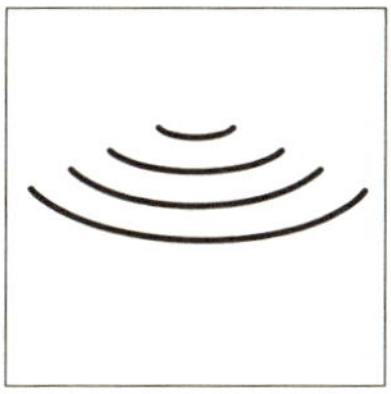

ATOROS = LICHTSCHIFF ATOROS

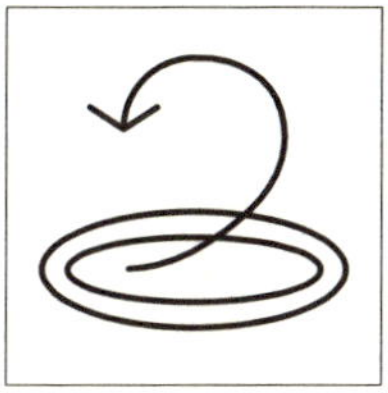

ARTEE

TARA ' DOS = FRIEDEN

ANA = LICHT

EL ' AMARA = STERNENTOR

MARANA = KOSMISCHE REISE

TEĒAS = GRUPPE

EXOLARĪS = REISE ZU ASHTAR SHERAN

ELEXIER = BEDINGUNGSLOSE LIEBE

TANA ' ATARA = GELASSENHEIT

GESHA = VENUS

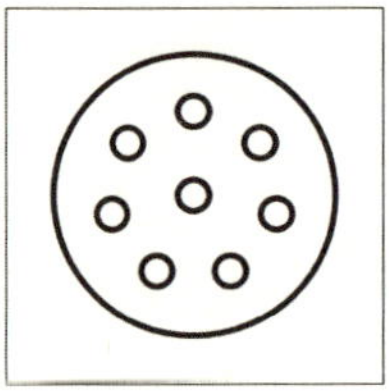

LOTUS = BEWUSSTSEIN

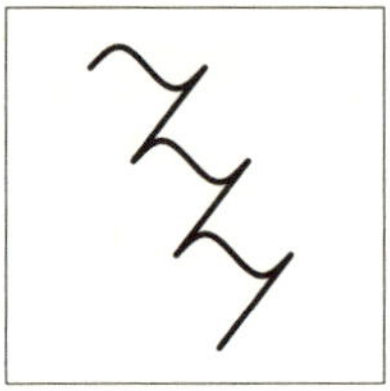

SHERĪN

MONASH = GEBORGENHEIT

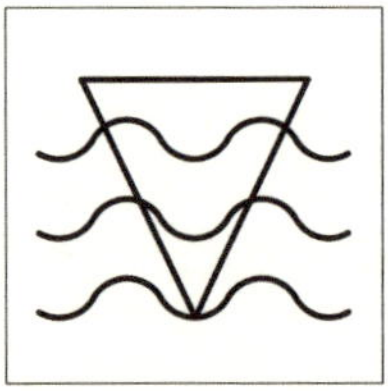

PRADNA = KRAFT

ELOO = WIDERSTAND TRANSFORMIEREN

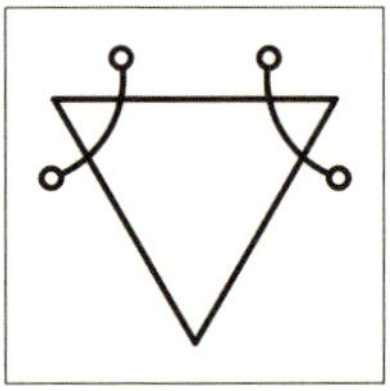

EL ' GOTSHA = LOSLASSEN

JESUS CHRISTUS

RUNA = FÜLLE

ANA ' LOTUS = LICHTKÖRPER

KRYONENERGIE

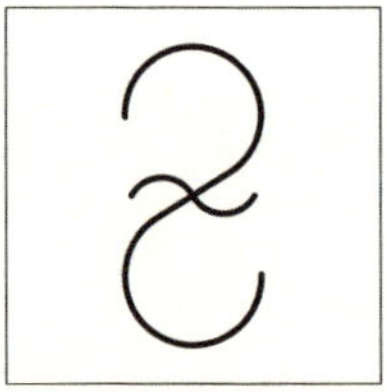

SIRIUS = DER STERN SIRIUS

MERA = STERNENGEFÄHRTE

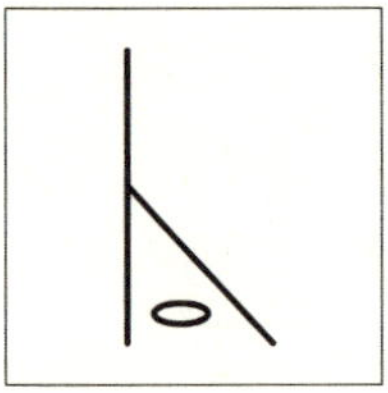

NUBĪ = WIRKLICHKEIT AUFNEHMEN

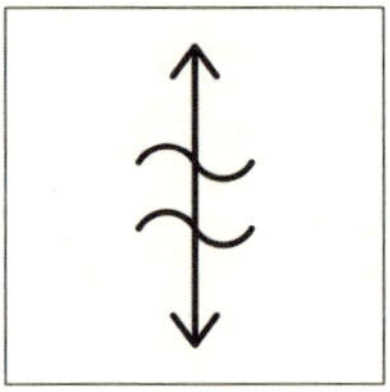

HANAR = GEDULD

ARTEE = ARTEE

ONAR = RUHE

JO 'ANADAS = ENERGIE DER PYRAMIDE

JAWES = SCHÖPFERKRAFT

ENĀ = KRISTALL DER VERGEBUNG

DI ' TRASO = KRISTALL DER ENTSCHEIDUNG

NEKTUM = ERINNERUNG

O ' SHANA = LICHTBEGLEITER

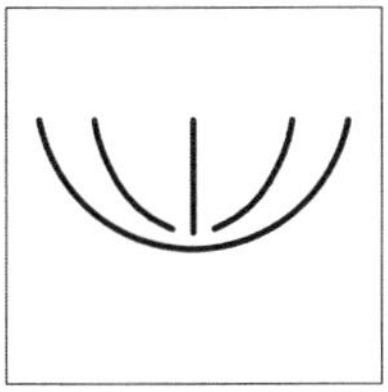

TAN ' ATARA = KRISTALL DER LEBENSFREUDE

SĪAS = KRISTALL DER WEIBLICHEN ENERGIE

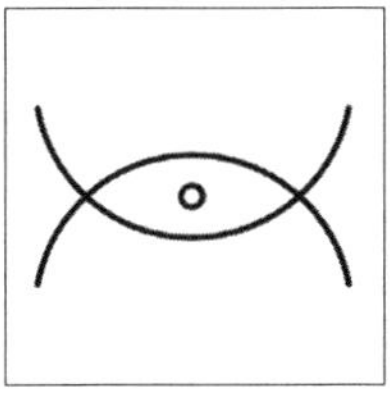

ELTA = KRISTALL DER MÄNNLICHEN ENERGIE

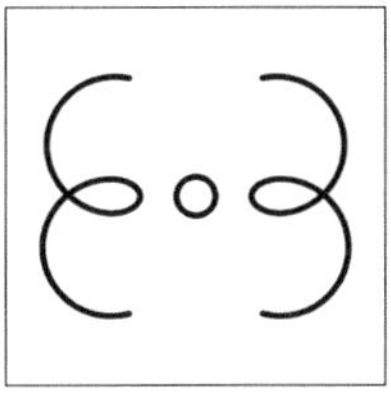

NĪON = ENTBINDUNG

DEVAR = WUNSCHERFÜLLUNG

NASHA'O = REINIGUNG

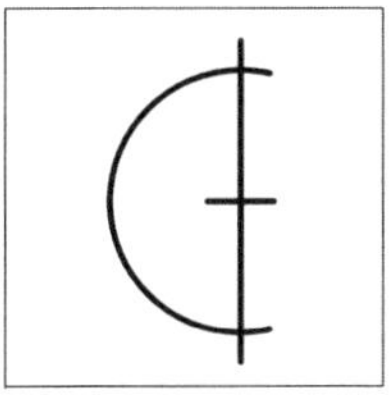

SAVIER = DEMUT

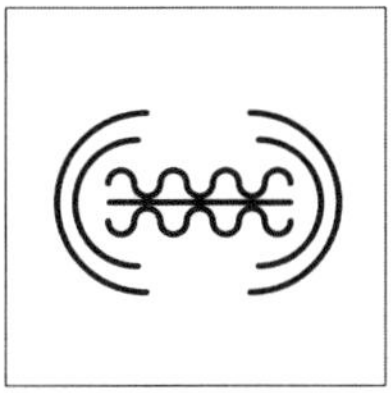

MARAS = Kristall für Magnetismus

SOL'A'VANA = DER VOLLKOMMENE TON

LAY'O'ESHA = FREIHEIT

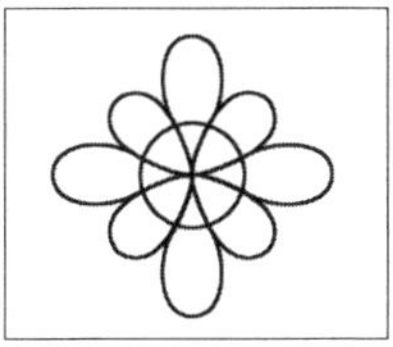

SHI'A'DRANA = ABSICHT

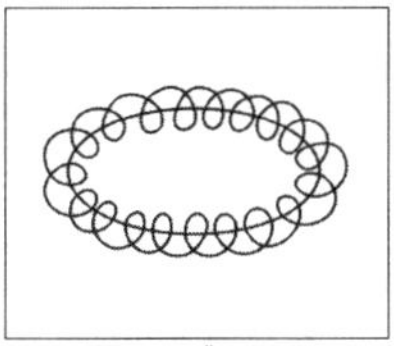

SHEN'A'MAA = KRÖNUNG DER WEISSEN PRIESTERSCHAFT

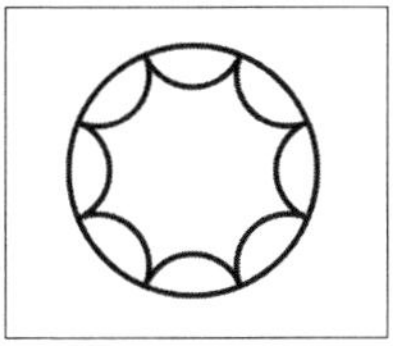

OMAR T SATT = GRUSS DER LICHTARBEITER

WORTDEUTUNGEN

Unser Planet Sol’A’Vana – Lady Shyenna

In den Botschaften wird unser Planet Erde „Sol’A‘Vana“ und ihr Planetenbewusstsein „Lady Shyenna“ genannt. Das sind die Namen, die die Erde in der Wirklichkeit trägt. Es verhält sich hier ganz ähnlich wie mit den Namen von uns Menschen: Wir tragen für unseren Körper einen irdischen Namen, doch als unser Licht im Universum von unseren kosmischen Eltern erschaffen wurde, haben sie ihm einen Ursprungsnamen gegeben.

So ist „Erde“ der alte Name für den körperlichen Aspekt, für den Planeten selbst, und „Lady Gaia“ der alte Name des lebendigen, lichten Bewusstseins des Planeten. Doch der planetare Aufstieg ist mit einer Geburt einer vollkommenen Neuen Welt vergleichbar. Deshalb wird die Neue Erde von der Geistigen Welt „Sol’A‘Vana“ und ihr erwachtes Bewusstsein „Lady Shyenna“ gerufen. Diese Töne entsprechen ihrer wiedergewonnenen, ursprünglichen Schwingung.

Diese Töne sind auch eine Widerspiegelung der Bewusstseinsentwicklung und enormen Energieerhöhung der Erde, denn vor noch nicht allzu langer Zeit wurde sie „Solvana“ gerufen. Ende des Jahres 2016 erhielt unser Mutterplanet eine Taufe durch die Geistige Welt, bei der ihrem Namen der Ton „A“ hinzugefügt wurde. Der Ton „A“ trägt in der Wirklichkeit die Energie der fließenden Liebe, die nun frei durch alle Erdgitternetze fließt und gemeinsam mit der Sol’A’Vana-Energie alle Energien in ihr zum Vollkommenen Ton Sol’A’Vana verbindet.

Gottes Atem Sol’A’Vana

Gottes Atem Sol’A’Vana strömt direkt aus der göttlichen Quelle selbst und trägt die Schwingung des Vollkommenen Tons. Sol’A’Vana ist die höchste Friedensenergie. Sol’A’Vana ist eine

Verbindungsenergie, die alle Energien und Erben Gottes miteinander verbindet und dadurch den Vollkommenen Ton erzeugt.
Erklingt der Vollkommene Ton in uns Menschen, findet das absolute Erwachen statt; erklingt er in Lady Shyenna vollzieht sich der Aufstieg; erklingt er im gesamten planetaren Gitternetz der 389 Planeten vollzieht sich der große planetare Aufstieg und die Planeten kehren heim in die ursprüngliche, göttliche Ordnung im göttlichen Magnetfeld des Ersten Zentralen Universums.

Die Aspekte
Jedes Licht trägt im Universum 21 Aspekte. Geht ein Licht in die Dualität, wird das Licht mit 18 Aspekten auf Sol'A'Vana geschickt. Diese 18 Aspekte sind: Der körperliche Aspekt, der weibliche und männliche Aspekt, der Seelenaspekt, der Ursprungsaspekt, der Christusaspekt, der Gewahrseinsaspekt, der Engelsaspekt, der Sewaja-Aspekt, der Weisheitsaspekt, der Erleuchtungsaspekt, der Hohe-Selbst-Aspekt, der Fähigkeitsaspekt, der Erwachungsaspekt, der Allmachtsaspekt, der Erneuerungsaspekt, der Wirkungsaspekt und der Verbindungsaspekt.
Drei Aspekte bleiben bei einer Inkarnation im Universum zurück und garantieren die Anbindung an Alles-was-ist. Diese drei Aspekte sind: Der Ursprungsaspekt, der Lichtaspekt und der Sewaja-Aspekt.
Sind neun Aspekte miteinander verbunden, ist der Mensch erwacht. Sind alle 18 Aspekte miteinander verbunden, hat der Mensch vollständigen Zugriff auf sein göttliches Wissen und der Vollkommene Ton erklingt in ihm. Die jüngeren Kinder der Neuen Zeit inkarnieren bereits mit 19 Aspekten.

Der 19. Aspekt
Der 19. Aspekt ist einer der im Universum zurückgebliebenen Aspekte, der einem Menschen nur durch Melek Metatron zugeführt

werden kann, wenn er ein weit ausgedehntes Bewusstsein hat und seine Seele dazu bereit ist. Der 19. Aspekt ist der Lichtabdruck eines Menschen und trägt die Energie der höheren, göttlichen Allmacht.
Durch ihn kann u. a. die Drachen- und Einhornenergie aufgenommen und die Merkaba sowie die ursprünglichen Fähigkeiten und göttlichen Attribute zur vollen Entfaltung gebracht werden. Doch seine tiefgreifende Bedeutung ist nur schwer mit Worten beschreibbar, nicht mit dem Verstand erfassbar, sondern beinhaltet so viel mehr, als ein Mensch sich für gewöhnlich vorstellen kann.

Im zweiten Band dieser Buchreihe „Die 36 Hohen Räte“ erhältst du Channelings und ausführliche Informationen über die Aspekte – inklusive dem 19. Aspekt.

Die Merkaba – Sterntetraeder

Die Aspekte bilden die Merkaba und somit auch die Seele des Menschen. Die Merkaba ist ein Energiefeld, das durch zwei entgegengesetzt drehende Sterntetraeder in Schwingung versetzt wird. In manchen Botschaften werden die großen Merkabas der lichten Wesen auch als „Sterntetraeder“ bezeichnet.

Das Spirituelle Rad – die Blütenkelche

Das Spirituelle Rad ist eine Struktur der Merkaba, an das die Aspekte angebunden sind, und das den Lichtkörper mit dem Aurafeld verbindet. Es ist ein Energietransportband, das in Achten verläuft und sein Zentrum im Herzen hat. Die Energie der Aspekte zirkuliert je nach Bewusstseinszustand im Spirituellen Rad.
Auf ihm befinden sich die Blütenkelche, die Blütenknospen ähneln. Da die Geistige Welt nicht direkt im Aurafeld und der Seele des Menschen arbeiten darf, leitet sie die Wirklichkeitsenergie in die Blütenkelche. Diese geben die aufgenommene Energie frei, wenn die Seele dafür bereit ist.

Die Blaupause

Die Blaupause ist ein Energie- und Erfahrungsspeicher der Seele, der sich im Lichtkörper eines Menschen befindet. Alle Fähigkeiten und alle wichtigen Erfahrungen der Seele werden in der Blaupause gespeichert. In der Jetzt-Zeit öffnen sich alle eingebetteten energetischen Muster des Lichtkörpers sowie alle Strukturen der Blaupause und die angesammelten Energien fließen in alle Aspekte und Körperebenen ein.

Der Herzensstrahl – der Sinusstrahl

Mit dem Herzensstrahl kann direkt aus der Wirklichkeit Energie in die Seele aufgenommen werden. Dieser Strahl ist im Herzen verankert und im Energiefeld eingebettet. Er kann durch die Absicht aktiviert werden.

Der Sinusstrahl befindet sich im Dritten Auge. Er kann aktiviert werden, indem man das Dritte Auge gegen den Uhrzeigersinn drehen lässt. Der Sinusstrahl fährt sich dann aus dem Dritten Auge heraus.

Es ist besonders empfehlenswert, vor der Aktivierung des Herzensstrahles oder des Sinusstrahles in das Vereinigte Chakra zu gehen.

Das Vereinigte Chakra

Immer dann, wenn die Geistige Welt auffordert, in das Vereinigte Chakra zu gehen, gibt man die Absicht und die Anweisung, dass sich die Chakren zu einem großen Chakra verbinden. Man zieht die Energie aller Chakren in das Herz-Chakra hinein und dehnt es von dort wie eine Sonne aus. In diesem Zustand ist der Zugang zur Göttlichkeit gegeben. Der Mensch befindet sich in der bedingungslosen Liebe und die eigene Göttlichkeit beginnt zu leuchten. Die Persönliche Engelsgruppe unterstützt das Vereinigen der Chakren, wenn sie darum gebeten werden.

Prana

Prana ist eine Lebensenergie, die durch die Prana-Atmung aufgenommen wird und über die Prana-Röhre, die sich entlang der Wirbelsäule befindet, im Körper und Energiefeld energetisch verteilt wird. Die Prana-Atmung ist eine ursprüngliche Atmung, die für die Menschen zunehmend wichtig wird. Sie ist erlernbar und erleichtert nach dem Aufstieg die körperliche Umstellung und Anpassung an die hohen Energien.

Die Persönliche Engelsgruppe – der Goldene Engel

Jeder Mensch trägt seit seiner ersten Inkarnation eine Persönliche Engelsgruppe in sich. Diese Persönliche Engelsgruppe darf nur wirken, wenn sie die Erlaubnis des Menschen dazu erhält. Es gibt eine Ausnahme: Der Schutzengel ist immer aktiv und darf ungefragt wirken. Alle anderen Engel schlafen und können nur wirken, wenn sie erweckt werden. Dies geschieht durch die bewusste Absicht. Neben dem Schutzengel besteht die Persönliche Engelsgruppe aus sieben weiteren Engeln, von denen einer der Goldene Engel ist. Der Goldene Engel ist in gewisser Weise der Mensch selbst – genauer gesagt, sein Lichtabdruck in Verschmelzung mit seinem Hohen Selbst. Dies wiederum zusammen mit dem Lichtwesen, das am tiefsten mit dem Menschen verbunden ist - das ist der Goldener Engel eines jeden Menschen.

Das Hohe Selbst – Shan'Shija

Jedes Licht verschmilzt bei seiner Erschaffung mit einem Hohen Selbst. Dies kann Melek Metatron, Shakti oder Jesus Christus sein – Vater, Mutter, Sohn. Nach dem Erwachen fließen die Attribute des Hohen Selbst verstärkt ein.

Das Hohe Selbst von Jesus ist Shan'Shija. Shan'Shija ist Träger der Eleua-Engel, der Persönlichen Engelsgruppe von Jesus und ein Thronenengel, die stellvertretend für Yoah'Toh seinen Platz in der Merkaba Gottes einnimmt.

Die Avatare

Avatare sind sich voll bewusste, göttliche Menschen, die mit 18 oder 19 aktiven Aspekten auf Sol'A'Vana und anderen Planeten für das große Ganze in selbstlosen Dienst wirken, mit dem höheren Ziel, dass sich der planetare Aufstieg – d. h. die Wiederanbindung aller 389 Planeten an das göttliche Magnetfeld – vollzieht.

Shen'A'Maa – die Krönung der Weißen Priesterschaft

In vielen Zeitepochen und unzähligen Inkarnationen haben Lichtarbeiter als Priesterin oder Priester gewirkt und hierfür intensive Ausbildungszyklen durchlaufen, darunter auch magische Schulungen. Diese Erfahrungen trägt die Seele bis heute in sich. Sie zeigen sich im Leben und der Mensch spürt diese Kraft, aber auch das, was ihn daran hindert, in den freien Priesterfluss der Weißen Priesterschaft mit voller Kraft einzutauchen.
Shen'A'Maa ist die Krönung der Weißen Priesterschaft und beinhaltet die höchste Schwingung aller Priesterschaften. Wer zum Shen'A'Maa eingeweiht wurde, kann mit der ursprünglichen Kraft und dem freien Fluss der Priesterenergie, mithilfe der alten Priestersprache, Ritualen und vielem mehr, u.a. Gelöbnisse aus alten Priesterinkarnationen lösen, alten Seelenschmerz heilen und Wunder erzeugen.
Die Weiße Priesterschaft dient dem höchsten Licht und zeichnet sich durch die große Freiheit aus, alle göttlichen Attribute eines erwachten Menschen – wie z. B. die menschliche Liebe, Freude und Fülle – ohne Einschrenkung leben zu dürfen.

Die zwölf Heiligen Grale – die Gralsenergien

Es gibt insgesamt zwölf Heilige Grale auf Sol'A'Vana. Sie wurden von Jesus selbst an verschiedenen Orten auf dem Planeten verteilt. Es handelt sich um zwölf Gefäße, die bestimmte, sehr hohe Energien tragen. Die Bundeslade ist einer von zwölf Heiligen Grale, in der das Erbe Gottes gespeichert und in Sicherheit gebracht wurde. Sie befindet sich energetisch in der großen Pyramide von Gizeh. Die Energien der zwölf Heiligen Grale waren über lange Zeit verschlossen. Erst in den letzten Jahren durften sie nach und nach geöffnet und entzündet werden. Alle zwölf Heiligen Grale sind aktiviert worden. Nun verbinden sich die Gralsenergien auf dem Planeten. Die Verbindung der zwölf Heiligen Grale hat einen ganz wesentlichen Anteil am Aufstieg.

Die 48 Schritte

Mehrmals in diesem Buch erwähnt: Die Kryonschule. Sie umfasst 48 Schritte (plus 6 Aufstiegsschritte), die von Kryon und den 36 Hohen Räten des Lichtes durchgegeben wurden.
Das Erlernen der Lichtsprache der Elohim mit den hochenergetischen Kristallen (Symbolen) ist ebenfalls ein wichtiger Bestandteil der Kryonschule. In den Schritten werden Wissen und Techniken vermittelt und wichtige Einweihungen durchgeführt, die dich zum Erwachen führen – der Ausdehnung deines Lichtkörpers auf 88 Prozent.
Beim Durchlaufen der 48 Schritte dehnt sich der Lichtkörper stetig aus. Die zwischen den Schritten eingefügten 6 Aufstiegsschritte dienen der Verankerung dieser Ausdehnung, sodass sie zu allen Zeiten erhalten bleibt.

Die Lichtsprache

El'Shaddai: *Das göttliche Feld; göttliche Energie im Universum*
Shekina: *Das weibliche Gottesfeld; weibliche Energie im Universum*
Shakti: *Göttliche Mutter*
Melek: *König*

Kodoish, Kodoish, Kodoish, Adonai'Tsebayoth: *Heilig, heilig, heilig ist der Herr der Heerscharen*
Ehyeh Asher Ehyeh: *Ich bin der/die Ich Bin*
So'Ham: *Ich bin Gott*
A ni o'heved o'drach: *Du wirst unermesslich geliebt*

Die Tagessätze

An jedem Tag senden die 36 Hohen Räte unterschiedliche Energien aus der Wirklichkeit auf unseren Planeten. Diese Energien unterstützen uns in unserer spirituellen Entwicklung. Sangitar stellt diese Informationen und Energien von Montag bis Freitag* kostenlos zur Verfügung, auf:

www.shimaa.de

**Mit Ausnahme der Urlaubs- und Veranstaltungstage*